MYNAVI BUNKO

マナとアロハのメッセージ

幸せになるハワイの言葉

アロヒナニ 著

マイナビ

はじめに

アロハ！　この本を手に取っていただきありがとうございます。「ハワイ」というキーワードに惹かれた、「幸せ」という言葉を見てつい手がのびた、なんとなく気になった……、理由は人それぞれでしょう。どんな理由にしろ、この本とご縁があるということは、あなたの幸せになるキーワードがハワイの英知の中にきっとあるのだと思います。

ハワイではこの世に存在するすべてのものにマナ（超自然的な力、不思議な霊力）が宿っていると信じられています。私たちが口から発するもの、つまり言葉や息にさえもマナが宿っているとハワイの人々は考えています。そのため、ハワイ式挨拶では、おでこと鼻をくっつけてお互いの息を確認することで、相手のオラ（命）を感じあいます。

また、言葉に宿るマナには世の中を動かす力さえあると信じ、慎重に言葉を使うハワイの人もいます。

マナを大切にすることは、幸せにつながります。なぜなら大切にすることでマナが増え、マナが増えれば思考もポジティブになり、人生をパワフルに過ごしていくことができるからです。そのためには、きれいな言葉を使い、ネガティブな言葉は避けることが大切です。

誰だって幸運な人生を送りたいですよね？　日々マナをたくさん持つよう工夫していれば、たくさんの幸運を引き寄せることができます。

この本は、２０１１年に刊行された『マナとアロハがよくわかるハワイアン・スピリチュアル入門』を元に、改題・再編集したものです。ハワイの文化を通してみなさまに幸せを届けられたら幸いです。

アロヒナニ

幸せになるハワイの言葉　目次

第1章　ハワイの言葉

第2章　「マナ」を増やす12の方法

第4章　ハワイの神話

序章 ハワイのきほん

ハワイは、長い時のなかで
さまざまな人と文化の変遷がありました。
高い人気と独自の魅力を放つ
ハワイについて学んでいきましょう。

ハワイの地形

白砂のビーチから4000m級の山まで、
ハワイ諸島の地形は変化に富み、豊かな自然に恵まれています

130の島が連なるハワイ諸島

ポリネシア語で「神のいる場所」を意味するハワイ(ハワイ語では「ハワイイ」と発音)。海底火山の噴火によって誕生したハワイ諸島には無数の島が連なり、その数は約130にものぼります。そのなかで人が住む主要な島は、ハワイ島、マウイ島、カウアイ島、オアフ島、ラナイ島、モロカイ島の6島で、ハワイ島が最大の面積を誇ります。この6島以外に、カホオラヴェとニイハウ島がありますが、観光客が立ち入ることはできません。

ハワイ島にはハワイ州の最高峰マウナ・ケアやマウナ・ロアと行った4000m

級の山々がそびえるほか、現在も火山が活動中のため流出する溶岩によって年々面積が拡大しているといわれています。

主要8島の地形の特徴は大きく異なり、巨大な谷や崖、熱帯雨林など、島ごとにさまざまな顔を持っています。

ハワイ6島の移動

日本から各島へ行くにはオアフ島のホノルル国際空港から空路が一般的。他の5島へはホノルル国際空港から定期便が運航されており、所要時間は、ホノルルからコナ空港(ハワイ島)まで約40分、カフルイ空港(マウイ島)まで約35分、ラナイ空港(ラナイ島)まで約30分、ホオレフア空港(モロカイ島)まで約25分、リフエ空港(カウアイ島)まで約35分となっています。

ハワイ諸島主要6島のデータ

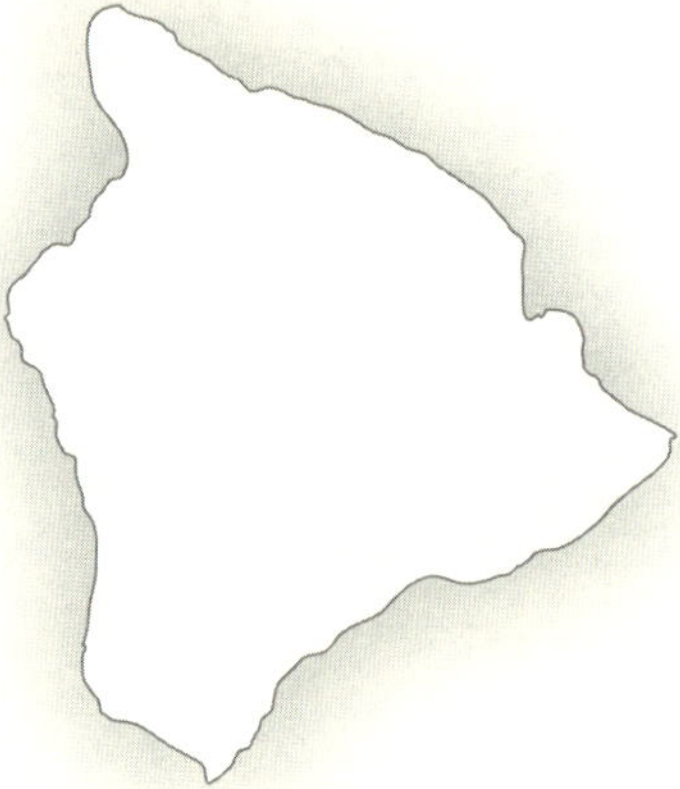

Maui
マウイ島

人口：143,691人
面積：1,883.5㎢
地形：「渓谷の島」と呼ばれ、内陸部では渓谷が多い。
気候：年間を通じて安定しているが、標高差が大きいため場所により気候が大きく異なる。
島の花：ロケラニ

Hawai'i
ハワイ島

人口：175,784人
面積：10,432.55㎢
地形：島の中心にマウナ・ケア、マウナ・ロアの2つの山がそびえる。
気候：西部は晴天が多い。穏やかな気候だが場所によって気候が異なる。
島の花：オヒア・レフア

Kaua'i
カウアイ島

人口：63,689人
面積：1,403.4㎢
地形：起伏に富み、崖や渓谷が多い。
気候：北部に位置するため、他の島よりやや涼しい。
島の花：モキハナ

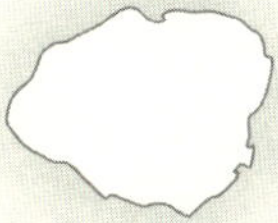

Moloka'i
モロカイ島

人口：7,404人
面積：673.4㎢
地形：島の西部は丘陵地。東部は山が多い。
気候：年間を通して安定。11、12月は北東部で雨量が増えるが南西部はおだやか。
島の花：ククイ

O'ahu
オアフ島

人口：905,034人
面積：1,543.3㎢
地形：内陸部に2つ、険しい山脈がある。
気候：温暖な亜熱帯気候。山間部では昼夜の気温差が大きい。
島の花：イリマ

Lana'i
ラナイ島

人口：3,193人
面積：364.0㎢
地形：高い山がなく、標高差が少ない。
気候：雨が少なく、ハワイ諸島の中で最も乾燥している。
島の花：カウナオア

（人口、面積はThe State of Hawaii Data Book 2008より）

ハワイの歴史

火山の噴火によって誕生した神秘の島・ハワイは
独自の文化を築きながら発展し、やがて歴史に翻弄されていきます

ハワイが最初に誕生したのは今から約500万年前。火山の溶岩によって形成された無人島に人間が定住したのが紀元500～700年といわれています。その後、ハワイに定住した人々は外部との接触を断ち、独自の文化を築きますが、18世紀にジェームズ・クックが来航し、西洋文明が流入。ハワイは歴史に翻弄されながら、1959年、アメリカ合衆国50番目の州となり、現在に至ります。

✣およそ500万年前ハワイ諸島の誕生

マグマの噴出によって生まれた大地

ハワイ諸島は火山活動によって噴出したマグマが海に流れ出し、冷え固まって大地が形成されました。プレートの移動に伴って西から島ができたと考えられており、主要6島の中では西端のカウアイ島が約500万年前に誕生しました。東端のハワイ島が約10万年前に誕生したといわれています。ハワイ諸島に人や生物が住める土地となるまでには、長い年月を要しました。

✣6〜8世紀ポリネシア人上陸

マルケサス諸島から渡来した人々が定住

諸説あるものの、紀元500〜700年に無人島だったハワイ諸島にマルケサス諸島からポリネシア人が渡来したと考えられています。12〜13世紀にはタヒチから大量に人口が流入します。この頃タヒチをはじめとする島々との定期船があったと考えられています。その後500〜600年間にわたって外部との接触がなくなり、ハワイでは独自の階級社会が形成されていきました。

18世紀ジェームズ・クック来航

西洋文明がもたらされ、島の文化が激変

1778年、英国人探検家ジェームズ・クックがオアフ島、カウアイ島、ニイハウ島を発見し、カウアイ島に上陸しました。翌年、クックはハワイ島に上陸。ハワイに銃や火薬などの武器が持ち込まれ、天然痘《とう》など多くの疫病ももたらされました。クックの来航をきっかけに、多くの外国人船が来航、外国人が定住するようになり、島は大きく変化を遂げていきます。

ポリネシア文化とハワイ

ハワイとニュージーランド、イースター島を結んだ三角形を「ポリネシアン・トライアングル」と呼びます。この三角形内に位置する島々はポリネシアと呼ばれ、これらの島々の先住民は同じ起源を持つといわれています。詳細はわかっていませんが、かつて東南アジアからトンガ、サモア、マルケサス諸島を渡った人々がいたと考えられており、その人々が、ハワイやタヒチ、ニュージーランド、イースター島にたどり着いたという説が一般的です。このことからポリネシアには非常に似通った文化が残されており、たとえば、タヒチやクック諸島ではフラに似た踊りがあるほか、ポリネシアの島々の伝統的な踊りの多くがハワイのフラと多くの共通点を持っています。

✣19世紀ハワイ王朝

ハワイを統一した最初の王

13世紀に階級社会が形成されて以来、ハワイ諸島では権力争いが続けられていました。カメハメハ大王は、ジェームズ・クックがハワイに持ち込んだ武器を導入してハワイ諸島全土統一に乗り出し、1810年に最初で最後の王朝、ハワイ王朝を発足させました。ハワイ王朝時代、数多くの移民がハワイに定住するようになり外国文化が流入し、多民族国家が形成されていきました。

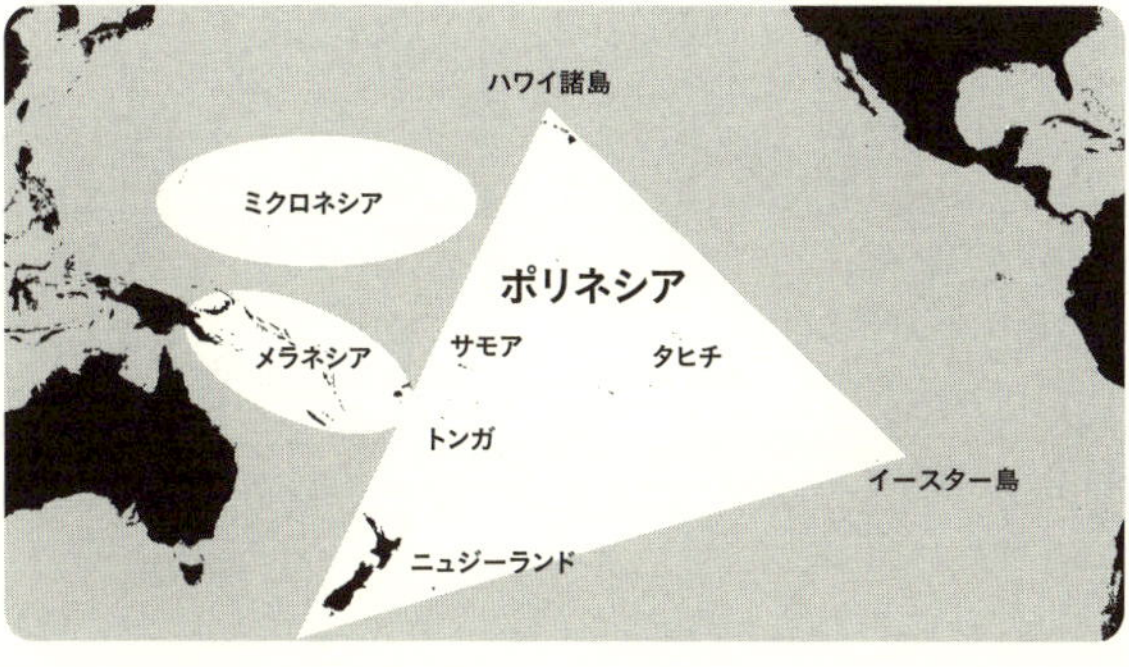

✣19世紀末ハワイ王朝の終焉

悲劇の女王・リリウオカラニ

ハワイ王朝時代、多くの白人が渡来し、大きな利権を握るようになり、権力を強めていきます。1891年に女王となったリリウオカラニは、ハワイ王の権利の強化を訴えましたが、これをきっかけに白人がクーデターを起こします。1895年、リリウオカラニは王位を失い、ハワイ王朝はわずか85年の歴史に幕を閉じました。リリウオカラニは1917年、心臓発作により79歳で死去しました。

✣20世紀～現在のハワイ

アメリカ合衆国50番目の州に

ハワイ王朝滅亡後の1898年、ハワイは米国議会の議決により、アメリカ合衆国に併合されることになりました。20世紀になると、ハワイはリゾート地として注目されるようになり、多くの著名人がハワイを訪れるようになりました。1959年、ハワイは正式にアメリカ合衆国50番目の州となり発展を遂げ、現在に至ります。

ハワイの文化

ハワイの先住民は「すべてのものに神が宿る」と信じ独自の文化を築きました。その精神は今もハワイの人々に引き継がれています

多民族で形成される多様な文化

太平洋に浮かぶハワイでは、他の島々から異文化が流入し、独特の文化が築かれました。まず、ポリネシア人の渡来によってポリネシア文化がもたらされ、その後イギリスやアメリカから西洋文化が流入、移民の受け入れなどにより多民族が集まり、ユニークなミックス文化が形成されました。

✣12のアルファベットで構成される独特の言語

ハワイ語

ハワイ語はネイティブ・ハワイアンの言語で、長い間文字を持たず、口承だけで伝えられてきました。ハワイ語が文字で表わされるようになったのは19世紀からです。ハワイ語は、5つの母音「a・e・i・o・u」と7つの子音「h・k・l・m・n・p・w」の計12文字で構成されています。一時期は英語のみがハワイの公用語とされていましたが、現在はハワイ語と英語両方が公用語となっています。

✣ハワイ独自の楽器で奏でる南国のメロディ

ハワイアン音楽

ハワイアン音楽には伝統的なものからポップスまで、様々な種類の曲がありますが、最も有名な曲の1つ、「アロハ・オエ」はリリウオカラニ女王が作曲したものとして知られています。ハワイ音楽の演奏に欠かすことのできない楽器・ウクレレは、19世紀、ポルトガル移民がハワイに持ち込んだ弦楽器に改良を加えて現在の形になったといわれています。ウクレレはフラの伴奏にも使われます。

✣キルトのモチーフに自然への愛がこめられている

ハワイアンキルト

ハワイアンキルトは19世紀にアメリカ人宣教師の妻たちがハワイにもちこんだキルトを起源に、ハワイの人々が独自の形に変化させたものです。花や樹木など、自然をモチーフにしていることが特徴で、基本的に左右・上下対称になっています。図柄は布地にアップリケのように縫いつけられ、キルティング加工されています。今でもクッションカバーやベッドカバーなどに使われています。

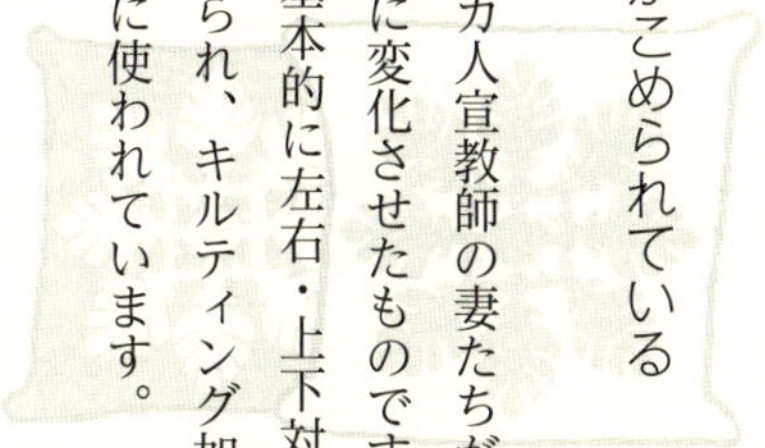

✣フラなくしてハワイを語れない

フラ

フラは神々を崇めるために踊られてきたハワイの民族舞踊です。古代のハワイではあらゆるものに神が宿っていると考えられており、踊り手は自然と一体になることが求められます。一般的に、フラは足で拍子をとり、腕と手の動きで自然や感情、祈りを表わします。フラは19世紀、西洋人宣教師らによって抑圧されたものの、消滅することはなく、現在もフラはハワイの人々の生活に溶け込んでいます。

✣女王・リリウオカラニも愛用していた
ハワイアンジュエリー

ハイビスカスやプルメリア、ウミガメなどの動植物やサーフボードやサンダルなど、ハワイにちなんだモチーフをゴールドやシルバーに浮き彫りにしたハワイアンジュエリーは、19世紀、女王・リリウオカラニがイギリスの宝石に似せてジュエリーを作らせたものが起源といわれています。ハワイでは、家族や恋人など、愛する人の誕生日や記念日にハワイアンジュエリーを贈る習慣があります。

✣古代の宗教儀式に用いられた神聖なもの

レイ

一般的に、レイというと花を連ねたものが広く知られていますが、葉や貝、動物の歯、植物の種子などでつくられたものもレイといいます。もともとは魔よけやお守りの意味があり、フラを踊るときにもレイを身につけます。ハワイでは冠婚葬祭や誕生日、祝いごとがあるときにレイを贈る習慣があり、5月1日の「レイ・デー」では街中の人がレイを身につけます。

フラのレッスンとショー

ハワイでフラを学ぶには､「ハラウ」と呼ばれるフラの教室に通い､「クムフラ」と呼ばれる師匠のレッスンを受けるのが一般的です。ハラウでの本格的なレッスンのほかにも、旅行者が気軽にフラを体験できるレッスンもあり、各地のホテルやショッピングセンターでは初心者向けのフラのレッスンが多数開催されています。

フラのショーはレストランやホテルなどで見ることができますが、毎年ハワイ各地で行われるフラコンテストやフェスティバルでは、本格的なフラを鑑賞することができます。ハワイ島で毎年3～4月に開催される「メリー・モナーク・フェスティバル」はハワイ最大規模のフラ・コンテストで、各地から一流のダンサーたちが集まり、会場は熱気に包まれます。

ハワイのスピリット

古代のハワイの人々は自然を崇拝し、すべてのものに神の姿を見出していました。自然への畏怖と感謝の心は、ハワイ文化の礎となっています

森羅万象に神が宿ると考える自然崇拝のスピリット

古代のハワイの人々は、海や山、動物や植物など、あらゆる自然物を神聖視していました。目に見えるすべてのものに神が宿ると考えられており、獲物を捕まえたり、木の実を収穫するときなど、自然に対して人間が何か行動を起こすときは必ずそこに宿る神様に祈りを捧げ、許可を得ていたといいます。フラをはじめとするハワイの文化は自然と密接に関わっており、自然を愛するハワイのスピリットは、現代にも強く受け継がれています。

〈ハワイの動物〉ここにしか生息しない固有種の宝庫

火山の噴火によって誕生し、独自の生態系が形成されたハワイは、世界的に見ても稀有な自然の宝庫で、この地にしか生息しない固有種も少なくありません。しかし、絶滅した種も多く、現在、ハワイ政府が絶滅危惧種保全に力を入れています。

動物はハワイ文化と関係が深く、フラの中には動物の動きを取り入れたものも多数存在します。動物のフラを踊るときはその動物になりきることが求められたといわれています。

〈ハワイの植物〉過酷な環境を生き抜く固有種と色鮮やかな外来種

熱帯雨林や火山の溶岩など、多様な自然環境を有するハワイには、他ではみることのできない珍種の植物も少なくありません。ハワイの固有種の花や樹木は、古来より神聖視され、しばしば神話や伝説にも登場します。一方、ハワイのあちこちに見られる色鮮やかなトロピカルフラワーの多くは18世紀以降、外部から持ち込まれたものです。外来種の植物は繁殖力が強いため、短期間でハワイ全土に広がりました。

ハワイに生息する動物

クジラ
冬〜春にマウイ島の西海岸、ラナイ島、モロカイ島周辺などでザトウクジラの群れが見られる。

イオ
ハワイの王族のシンボルで、ハワイ固有種の鷹。現在は絶滅の危機にあり、ハワイ島に生息する。

ウミガメ
ハワイのあちこちで見ることができるウミガメ(ハワイ語でホヌ)。古くから幸運の象徴とされてきた。

馬
ほとんどの馬が移民によって持ち込まれた。ハワイ島のワイピオ渓谷では現在も野生の馬が生息。

ネネ
ガチョウの仲間でハワイの州鳥。一時絶滅の危機に瀕したが、保護プログラムによって回復した。

アエオ
湿地や沼地に生息する水鳥。ピンク色の長い脚が特徴。ハワイ固有種で、現在絶滅の危機にある。

ハワイに生息する植物

オヒア・レフア
木をオヒア、花をレフアという。乾燥に強く、溶岩が冷え固まった土地でたくましく育つのが特徴。

ココナッツ
いたるところで見かけるが、ハワイ固有の種ではなく外来種。実は食用のほか、生活雑貨に多用されている。

ハイビスカス
交配が進み、5,000種もの種類がある。色や大きさは様々で、黄色いハイビスカスはハワイの州花。

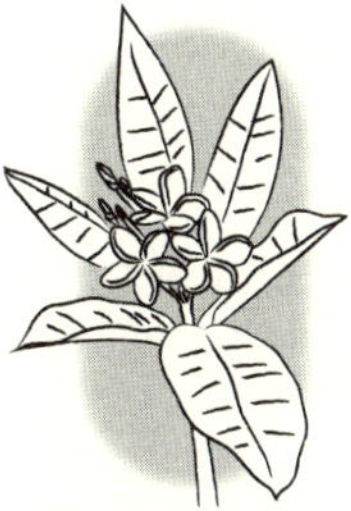

プルメリア
黄色、ピンク、オレンジ、赤などの種類がある。香りが長持ちするのでレイに使われることが多い。

ククイ
ハワイの州木。古代のハワイでは実から抽出した油分を灯火に使っていた。木材はカヌーの材料に使われた。

Column

ハワイを旅するための基本情報

ハワイは年間平均気温24度と温暖で、どの季節に訪ねても湿度が低く、快適に過ごせます。島によって気候は異なりますが、島内の多くのビーチは、一年中海水浴が可能です。服装は日中はTシャツと短パンで十分ですが、冬期の朝夕や山間部などでは気温が低くなるので上着が必要です。

data

日本からのアクセス：成田、関西、羽田空港などからホノルル国際空港まで直行便で約7時間

時差：19時間

通貨：USドル

言語：英語・ハワイ語

交通：バス、レンタカー、タクシーを利用する

旅を楽しむためのミニ知識①

ハワイのナチュラルコスメ

ハワイの樹木には、肌や心にリラックス効果をもたらすものがたくさんあります。ハワイの州木・ククイは、古代のハワイアンが薬として使っていた植物です。ククイオイルは日焼け後の肌を保護する効果があり、ククイのソープやモイスチャークリームはハワイのお土産としても人気があります。ココナッツオイルは肌のうるおいを保ち、甘い香りでリラックス効果も抜群です。香り高いプルメリアは化粧品やボディケア用品などに使われます。

旅を楽しむためのミニ知識②

ハワイアンフード

ハワイでは、伝統的に、タロイモや肉を使ったローカルフードが食べられてきましたが、西洋文化や東洋文化の流入によって独自の食文化が生まれました。たとえば、ハワイの人気料理ロコモコは日本人の移民が作ったという説もあります。とはいえ、伝統料理も健在で、「ロミロミ・サーモン（サーモンとトマトなどの野菜を合わせて塩で揉んだもの）」やポキ（生の魚にネギなどを加えて味付けしたもの）」などは今も人気のハワイアンメニューです。

第1章　ハワイの言葉

マナ、アロハ、ホオポノポノ……。
実はハワイ独自のハワイ語はたくさんあります。
知っておくといいハワイ語やスピリチュアル的な
言葉を紹介していきます。

マナ

Mana

生きているものすべてが持つ聖なる霊力

この世に存在するすべてのものに宿るエネルギー

マナとは、ハワイ語で超自然的な力、霊力を意味し、よいものでも悪いものでもなく、この世に存在するエネルギーだとされています。マナは、私たち人間はもちろん動物、植魚、石、場所など、この世に存在するすべてのものに宿っています。また、名前、言葉にもマナが宿ると信じられています。

ハワイでは、マナは与えることもふやすこともできるとされています。ハワイのカフナ（癒しの技術に長けた専門家）によると、成功している人は多くのマナを持っているとされ、その量が人生のゆくえをも左右するそうです。また、カフナが人を癒すとき、自分のマナを患者に注ぐことで患者自身の治癒力を高めていきます。

川の流れのように、体の中をさらさらと流れるマナですが、ときどきせき止められてしまうことがあります。それは不健康な生活や、よくない思考を持ち続けているせいです。これらの行いは、川の流れを邪魔する大きな石と同じです。流れを止めるだけではなく、次第にマナを減らしてしまいます。ハワイでは、マナの流れが止まったままだと、体調がすぐれなかったり不運に見舞われたりするといわれており、スムーズにマナを流し続ける生活を送ることがよいとされています。

たくさんのマナを持つアリイ

古代ハワイでは人が亡くなっても、マナは髪や骨に残ると考えられていました。当時のハワイは階級制度が厳しく、神の存在に近いアリイ(王族)は、平民よりも多くのマナを持つと信じられていました。そのため、アリイの骨に宿るマナを悪用させないため、誰にも見つからないように埋葬する必要があったそうです。カメハメハ一世の遺体は、そうした風習からひっそりと埋葬され、遺骨は今も見つかっていません。また、影にもその者のマナが宿ると信じられていました。そのため、影を踏むことは相手のマナを盗み、マナを弱めてしまうとされており、アリイの影を踏んだ人間が死刑になることもあったそうです。

衣服にも宿るマナ

所有物にもマナが宿ると信じられていた古代ハワイでは、よほど親しい血縁者をのぞいては、衣服を共有することはなかったといいます。それは、誰かの衣服を着ると自分のマナと他人のマナが混じってしまうためです。また、着用した服や、切った髪や爪などは魔術に悪用されることもあるので、人々はそれらが人の手に渡らないよう燃やして、悪用されるのを防いだそうです。今でもハワイの人々は持ち物にマナが宿ると考えているため、他人のものを許可なくむやみに触ることを避けています。

アロハ

Aloha

すべての生命を想う言葉

愛にあふれたハワイの人々のメッセージ

アロハという言葉は、単なる挨拶の言葉だと思われがちですが、そうではありません。愛、慈悲、好意、思いやり、尊敬、友情、歓迎など、さまざまな意味合いをもつ言葉です。古代ハワイでは、アロハは決して軽々しく使う言葉ではなく、相手に対して愛と敬意を持っているときのみ口にするものであったともいわれています。アロハという言葉にはたくさんのマナが宿っていると信じられていたため、人々は誠意をもってアロハという言葉を発していたのだそうです。

もともとアロハは、「alo(正面、顔)」と「hā(呼吸、命の息吹)」の二つの言葉から成り立っているといわれています。昔、ハワイでは人々が挨拶をするときに、互いの鼻と鼻を合わせ、息を吸って互いの呼吸を感じていました。その挨拶から、アロハという言葉ができたといわれています。アロハとは、あなたの命を感じるということを表し、すなわちそれは「あなたとわたしはともに生きています」ということを意味するのだそうです。
また、「alo」は、神の前にいることを表し、アロハとは「神の息がかかるくらい神が近くにいる」ことを意味するという説もあります。どちらにしろ、アロハは簡単に語れるような言葉ではなく、とても深い意味が込められている言葉といえるでしょう。

アロハの意味を表現した唄

ハワイには、クム・フラ(フラの先生)のピラヒ・パキという人が作詞した『アロハ・チャント』という唄があります。ハワイの人たちが大切にしているアロハの本当の意味を表現したものです。現在では、この『アロハ・チャント』で使われている5つの言葉が本来のアロハの意味だとされ紹介されていますが、この5つの意味はあくまでも、歌詞の頭文字を抜き出したものです。しかし、アロハという言葉を理解するにはとても素晴らしい言葉だといえます。

A：akahai　やさしさと思いやり
L：lokahi　調和と融合

O：ʻoluʻolu　喜びを持って柔和に
H：haʻahaʻa　ひたすら謙虚で
A：ahonui　忍耐と我慢

（資料提供：ハワイ州観光局）

アロハ・スピリット

ハワイにはアロハ・スピリットという言葉があります。それは、思いやりを持って人と接することや、常に人と調和を保つこと、謙虚さを持つこと、人といろいろなことを分かち合うこと、人を許すこと、など愛のこもった行為のすべてを示しています。また、相手からの見返りを求めない行為のことだとされています。

特に、人と分かち合うことは、ハワイの人々にとって大切なことです。ハワイは外国の宣教師たちや移民を受け入れ、西洋や東洋の文化を否定することなく融合させてきました。自分たちの文化を分かち合い、拒絶することなく他国の人たちとも調和することで、困難を乗り越えてきたといえるでしょう。

ホオポノポノ

✣
Ho'oponopono
✣

調和を取り戻す儀式

あらゆるもののバランスを整える重要なコミュニケーション

ホオポノポノとは、ハワイ語で「修正する」という意味で、古代ハワイの儀式のことをいいます。ホオポノポノは、家族が病気になったり怪我をしたり、もめごとが起こるなどしたときに、問題を解決し調和を取り戻すために行われました。

古代ハワイでは、家族はつながりが深い関係のため、誰か一人が問題を起こせば、家族全体に影響が出ると考えられていました。ホオポノポノの儀式では、全員が正直によいことも悪いことも告白し、お互いに許し合い、最後には再び絆を深め合いました。儀式で求められたのは、批判しないこと、嘘をつかないこと、心から望んで儀式に参加することでした。そして、もっとも重要なのは自分と他者に対する完全かつ完璧な許しだったといいます。また、人間同士にとどまらず、人とアウマクア(先祖神)との間でも行われました。自分の身に悪いことが続いたとき、祖先との調和が取れていないと考えたからです。そうして、調和がとれれば、ものごとは必ずうまくいくと信じられていたのです。

ホオポノポノの儀式は家庭内の問題や人間関係、自分自身の心身のバランスを調整するためのもっとも有効的な方法だったといわれています。

ホオポノポノの流れ

ホオポノポノの儀式では、家族や問題に関わる関係者が集められます。家族の一員は、何をおいてもその儀式に出席しなくてはなりませんでした。その儀式をとりしきるのは、家族の中の年長者やカフナ（専門家）でした。

儀式は、最初にその家族を守っている存在（特定の神、または先祖神であるアウマクア）に祈りを捧げることから始まります。その後、問題についてみんなで話し合います。儀式の中では、感情を整理するために沈黙の時間がとられることもあったそうです。問題が解決したら、再び祈りを行い、ともに食事をとって儀式は終了します。儀式終了後は、その問題を以後一切口にしないことが求められました。儀式は数時間で終わるときもあれば、何週間もかかる場合もあったそうです。

ひとりで行うホオポノポノ

ホオポノポノはひとりで行うこともできます。やり方は家族で行う場合と同じです。自分ひとりで同じ手順で進めます。自分の問題を明らかにし、人や自分を責めることなく解決策を見出すのです。このときも、家族と行う場合と同様、完全に正直になることが求められます。そうやって自分の問題を解決して解放すれば、心身のバランスがとれ、健康で素晴らしい毎日を送ることができるといいます。これは太陽が沈む前にやることがもっとも効果的だといわれています。ハワイの人は、問題を次の日に繰り越さないことで日々をパワフルに過ごすことができると考えているからだそうです。

フラ

Hula

ハワイの聖なる踊り

自然への賛美、神への感謝をささげるダンス

フラとは「踊り」という意味の言葉。その起源には諸説あり、モロカイ島のライライ一家が伝えたという説や、火山の女神ペレの妹ヒイアカが親友のホーポエからフラを習ったのがフラの起源という説もあります。

古代ハワイでは、文字を持たない口承文化であったため、自分たちの家系や自然への賛美、神への感謝や忠誠を、踊りやチャント(詩の詠唱)で伝えていました。フラで踊られるのは、神々に捧げるもの、自然賛美のもの、王族を称えるもの、そして愛を伝えるものなどがあります。もともとは儀式で踊られる神聖なもので、選ばれた男性たちが踊っていたそうです。

現在ではフラは二種類に分けられ、カヒコと呼ばれる古典フラとアウアナと呼ばれるモダンフラがあります。衣装もカヒコとアウアナでは異なり、本来のカヒコでは現代的な素材を一切使わず、化粧もしてはいけません。一方、アウアナでは、現代的な

衣装に身を包み、表情も動きもやわらかく、癒しのエネルギーに包まれています。どちらのフラも、踊る者だけではなく、見ている者をも神聖、かつ癒しの世界に誘ってくれるものです。

カヒコ（古典フラ）

カヒコは、ひょうたんで作られた太鼓（イプヘケ）や、サメの皮が張られた太鼓（パフ）などの打楽器のリズムと、ハワイ語のチャント（詩の詠唱）に合わせて踊ります。頭や首、手首や足首につけるのは森から摘んできた神聖な草花です。それらは装飾のためではなく、植物にもマナが宿ると考え、踊るときにもマナを得るためでした。また、自然界の恩恵である植物を身につけることで、自分たちが自然の一部であることを表現していたのです。特に、フラの女神ラカの化身と言われるマイレの葉やシダは、ほとんどのカヒコで身につけられます。

アウアナ（モダンフラ）

18世紀に、布教活動のためハワイへやってきたキリスト教の宣教師たちにより、フラを公で踊ることが禁止されました。当時、フラは上半身裸で踊られていたため、ふしだらで風紀を乱すとされたことや、自然崇拝を表現しているため、キリスト教の布教に影響すると考えられたのです。その後、19世紀末にカラカウア王がフラを解禁し、西洋から持ち込まれた楽器を伴奏に踊られるカヒコから発展したモダンな踊り「アウアナ」が生まれました。現在ではカヒコよりもアウアナのほうが踊られる機会が多く、多くの人がフラのイメージとして思い描くのはアウアナだといえるでしょう。

歌

Mele

ハワイの文化を語るメレ

神聖なメレ・オリと表現豊かなメレ・フラ

ハワイの音楽といえば、陽気なウクレレの音色とさわやかな歌声が頭に浮かぶ人も多いでしょう。ハワイ語で歌を「メレ」といいます。メレには、主にメレ・オリとメレ・フラの2種類があります。メレ・オリとは楽器演奏や踊りを伴わないチャント（詩の詠唱）のことで、メレ・フラとは楽器演奏や踊りを伴う歌のことです。また、特定の人のために歌われるものをメレ・イノアといいます。

古代ハワイではメレ・オリが非常に重要で、特に神聖な儀式で神へメレ・オリを捧げるときは、一文字でも間違えたら死刑になることもあったほどでした。

一方、メレ・フラは伝統的なものから、現代になってから作られたものまで多様にあります。アウアナ（モダンフラ）で踊られるメレ・フラに多いのは土地や花の美しさを賛美するものですが、そこには「カオナ」が含まれています。カオナとは、「隠された意味」という言葉で、歌に込めた隠喩《いんゆ》を指します。たとえば、「船を漕《こ》ぐ」という表現には男女の愛の行為、「かわいい頬っぺた」は女性のお尻を表す、などです。ハワイの人々はメレに歌っている者と聴いている者だけにしかわからないカオナを持たせて、豊かな感性で歌を楽しんでいたのです。

ハワイ州歌『ハワイ・ポノイ』

ハワイ・ポノイは、かつてハワイが王国だった頃に国歌だった歌ですが、現在はハワイ州の州歌となっています。１８７４年にハワイ王朝第7代の王デイヴィッド・カラカウアが作詞、ロイヤル・ハワイアン・バンド（王朝専用の楽団）の指揮者だったヘンリー・バーガーが作曲、１９６７年にハワイ州議会において正式な州歌となりました。ちなみに、１８８１年3月、世界一周旅行の途中で、日本と同盟を結ぶため横浜港に降り立ったカラカウア王を迎えた際に、明治政府が演奏したのが「ハワイ・ポノイ」だったそうです。カラカウア王が外国の地でハワイの国歌を聴くことができたのは日本が初めてだったそうで、感激して涙を流したということが伝えられています。

ハワイ・ポノイの歌詞

1. ハワイの人々よ
あなたの主に目を向けなさい
王国の酋長
酋長

*コーラス
父なる王
カメハメハ
私たちは槍を持ち
守り抜こう

2. ハワイの人々よ
王に目を向けなさい
あなたの後の子どもたち
若者たちよ

3. ハワイの人々よ
国民よ
あなたの重要な仕事
努力しなさい

（訳　アロヒナニ）

1. Hawai‘i pono‘ī
Nānā i kou, mō‘ī
Ka lani ali‘i
ke ali‘i

*chorus
Makua lani ē
Kamehameha ē
Nā kāua e pale
Me ka ihe

2. Hawai‘i pono‘ī
Nānā i nā ali‘i
Nā pua muli kou
Nā pōki‘i

3. Hawai‘i pone‘ī
E ka lāhui e
‘O kāu hana nui
E ui e

レイ

✣ Lei ✣

草花への敬意のしるし

マナをいただくために作られた花輪

ハワイには、皆さんもご存知の花輪「レイ」を作り、身につける習慣があります。それは、草花へ敬意を込めて、その花々に宿るマナをいただくために作られたといわれています。現在のハワイでも、誕生日、結婚式などの記念日や、感謝や歓迎を示したいときに、愛情のしるしとしてレイをプレゼントする習慣があります。

レイにもいくつかの決まりごとがあります。たとえば、輪になったレイにはへその緒が絡んでしまうというイメージがあるため、妊婦には輪になっていないオープンタイプのレイをかけます。また、レイを作る花に関しても決まりがあり、たとえばハラ（タコノキという植物）は「失敗する」という意味のある言葉なので、これから試験を受ける人などにはあげないほうがよいとされています。

レイを作る者は花を摘むときに神様に許しを請うためチャント（詩の詠唱）を捧げ、必要な分だけを摘みとります。そして身につけた後のレイは、その花びらを糸やヒモから外して土に返します。また、レイというと花飾りという印象があるかもしれませんが、レイは花のほか、マイレという植物の葉もよく使われます。自然と共存するハワイの人々にとって、草花を大切に扱い、それを素直に表現したものがレイなのです。

ナウパカの伝説

遠い昔、ナウパカという高貴な娘がカウイという平民の青年と恋に落ちました。2人は結婚の許しを得るため、長老たちの命令で、あるヘイアウ(神殿)のカフナ(専門家)に会いに行きます。ヘイアウに辿りついた2人を、カフナが「ハワイの神々のご神託を受け入れるように」祈ると、空が暗くなり、激しい風雨と雷が起こりました。それは身分違いの2人の結婚が許されないことを意味していました。ナウパカは自分の髪につけていた花を半分にちぎるとカウイへ渡し、カウイは海へと去りました。ナウパカは山に残り、2人はそれぞれの地に咲く花となったそうです。その伝説を表すかのように、ナウパカの花は1つの花がちぎれたような半円形をしており、品種は海と山で、2種類があります。

浄化と保護の『ティ』

ティ（ハワイではキーと呼ぶ）はハワイの聖なる葉です。ティを身につけるのは魔除けの意味があり、古代より神聖な葉とされ、お供え物を包んだり、家の屋根や、スカートやサンダルの材料にも使われました。また、ティのレイを首にかけているカフナ（専門家）は、ランクが高いことを表しました。また、ティには浄化作用、鎮静作用があるとされ、今でも頭痛のときに頭に巻いたり、火傷《やけど》や捻挫《ねんざ》のときに患部を冷やすために用いられています。現在、ティは緑色と赤色のものがありますが、古代よりハワイで使用されていたのは緑色のティです。

木

Lā'au

神が宿り、大切に扱われる生命の絆

生活に密着した、なくてはならない存在

カヌーやウクレレ、工芸品に使われるハワイの貴重な木のコア、豊かさの象徴とされる植物ウル(パンノキ)、ハワイ州の木に定められているククイ(キャンドル・ナッツ)、南国の木といえば誰の頭にも浮かびそうなニウ(ココナッツ)……。木々はハワイの人々の生活を豊かにする存在です。

ハワイアンキルトのモチーフとしても人気の高い植物ウル(パンノキ)は、栄養分が豊富で、昔のハワイの人々にとって大切な主食でした。また、ウルは戦いの神クーの化身と考えられていたため、オアフ島のビショップ博物館に展示されているクーの木の像もウルの木で作られています。

豚の神カマプアアの化身の一つといわれるククイ(キャンドル・ナッツ)は、ハワイの人々の生活に欠かすことのできないものです。その実は燃やして松明《たいまつ》やランプに、実から出るオイルは石鹸《せっけん》やマッサージに、葉は湿布代わりに、実の堅い殻は磨いてレ

イや薬、染料などにも使ってきました。また、古代のハワイでは、子どもが生まれるとニウ(ココナッツ)を一本植える習慣があったそうです。ニウは今のハワイでも食料、装飾品、楽器となどの用途に使われています。

ハワイの貴重な木『コア』

美しい木目と優れた耐久性を持つコアは、古代ハワイではカヌーに使われていましたが、今では保護の対象となっているほど貴重な木です。昔、カヌー作りは男性の仕事で、重要な儀式の一つでもありました。コアの木を切るときは、カヌー製造者の女神レアにチャント(詩の詠唱)が捧げられたそうです。また、カヌーに適した木を選ぶためには、女神レアの化身と信じられるエレパイオ鳥が重要な役割を果たしていました。エレパイオ鳥が止まった木は、虫が喰って腐っているのでカヌーには適さないとされ、かわりに、エレパイオ鳥が興味を示さない木は内部が堅い証拠とされ採用されたといわれています。

樹皮布『タパ』

古代ハワイの人々はワウケやママキという木からタパ（樹皮布）を作っていました。特にワウケは、タパ作りの名人とされた月の女神ヒナ、タパ作り職人の神マイコハ、マイコハの娘でタパ作り職人の女神ラアハナと関連付けられています。神話では、マイコハのお墓から最初のワウケが生えてきたとされています。

古代ハワイではタパ作りは女性の仕事とされており、樹皮を水に浸し、内側の皮を削り道具で叩き伸ばし、乾かしてはまた叩き伸ばし……と、大変な忍耐と日数を必要とするものでした。このようにして作られたタパは衣服としてだけでなく、ベッドシーツなどとしても利用されました。

動物

Holoholona

神や先祖の化身とされた存在

神の化身として現れる動物たち

ハワイの人々にとって動物はとても身近な存在です。特に鳥は人の頭上を飛ぶことから人間よりも多くのマナを持つと考えられており、神話にも多く登場します。アリイ(王族)が身につける豪華なマントには、何万枚という鳥の羽が必要とされていました。そのため、ハワイの人々はワナを仕掛けて鳥を捕まえていましたが、羽を一枚か二枚だけ取った後、鳥を空へ放していたので、多くの羽を必要とするマントは完成までに何十年もかかったといわれています。

神話でも神々が動物に化身して、たびたび登場しています。たとえば、豚の神カマプアアはフムフムヌクヌクアプアアという魚に、海の神カナロアはイカに、カヌー製造者の女神レアはエレパイオ鳥に化身しています。そのほか神話では、モオ(トカゲ)が邪悪な存在として描かれていたり、サメが人間と結婚したり、半神半人マウイがアラエという鳥から火を起こす方法を教えてもらったりと、ユニークな形で動物たちが登場しています。それだけ、ハワイの人々にとって動物たちは関わりの深い、大きな存在なのでしょう。

動物の姿で現れる『アウマクア』

ハワイには亡くなった祖先の魂が動物の姿で自分たちを守護していると考える風土があります。そうしたスピリットのことを「アウマクア」といいます。たとえば「自分のアウマクアは亀だ」とすると、自分を守ってくれるものは亀なので、亀を敬い、大切にするということです。一般的にアウマクアは亀、サメ、トカゲ、ふくろうなどの動物が多く、他にも火山の女神ペレなどの神々が自分のアウマクアだと語る人もいれば、石、水、雨、雷、植物がアウマクアだという人々もいます。ハワイの人々は、幼少の頃より自分のアウマクアが何かを知っているそうです。ハワイの人々は、祖先が自分たちを見守っていることを常に感じ、感謝を捧げているのです。

いたずらなエレパイオ鳥

ある男が水を入れたひょうたんを持っていました。男は疲れていたので木陰で寝入っていました。そのすきに、エレパイオ鳥が好奇心からひょうたんに穴を空け、水を流してしまいました。目を覚ました男は、空のひょうたんを見つけ、エレパイオ鳥の仕業と知ります。男が怒って投げた石はエレパイオ鳥の足に命中し、エレパイオ鳥はイオ(鷹《たか》)に助けを求めます。ところが一部始終を見ていたイオは味方をしてくれません。次にプエオ(ふくろう)に助けを求めますが、ふくろうもエレパイオ鳥を悪いやつだと叱ります。そうしてイイヴィ(ミツスイ)、アマキヒ(ミツドリ)と次々に助けを求めますが、みんなから叱られ、呆れられてしまいました。この話は、悪いことをしたら自分にも悪いことが起きるという寓話で、ハワイで大変人気のある物語です。

石

Pōhaku

生と死が宿るポーハク

人々の特別な想いが込められたもの

ハワイ語で石を「ポーハク」といいます。ハワイでは「石にも生と死がある」といわれています。ハワイの人々は石にもマナが宿っていると考え、大切に扱ってきました。

古代ハワイでは身分の高い人が子どもを産む際、お産は特別な場所で行われました。その場所としてもっとも有名なのは、オアフ島のワヒアワの地にあるクーカニロコ・バースストーンとカウアイ島ワイルア川近くにあるポーハク・ホオハナウです。島の酋《しゅう》長《ちょう》の妻は、特別なマナが宿るとされるこれらの地の出産用の石の上で子どもを産みました。ここで産まれた子どもたちは偉大な酋長になると信じられていたのです。

また、ハワイには子どもが産まれるとへその緒を特別な場所に隠すという風習があり、子どもたちは成長すると、自分のへその緒の隠し場所を聞いてそこを訪ねたそうです。へその緒は子どもの未来とつながっていると考えられ、守るべきものだったからです。

そのほか、石は供物として捧げられることもあり、ある者にとってはアウマクア（先祖神）でもありました。今でも石はロミロミなどのマッサージ用に使われたり、フラダンサーが石を楽器のように叩きながら踊るなど、ハワイの人々にとって重要な存在とされています。

ワイキキの魔法の石

16世紀頃、４人の魔術師がタヒチのモアウラヌイアケアからやって来ました。彼らの名前はカパエマフ、カハロア、カプニ、キノヒ。カパエマフとカプニは男性で、カハロアとキノヒは女性だったそうです。彼らはハワイの島々を巡った後、ワイキキに住みつきました。その後、病気の人々に手を置くだけで治す彼らの癒しのパワーはハワイ中に知れ渡りました。４人がハワイを去ることになったとき、ハワイの人々は彼らのための記念碑として４つの石をワイキキ近くのカイムキより運びました。４人はそれぞれ石を選び、30日間もの間、石に彼らの力を与え続けました。これらの石は今もワイキキのクヒオ・ビーチにあり、今も癒しのパワーを持つと信じられています。

ファラライでの人口調査

1500年頃、ウミアリロアという名の酋長がハワイ島を治めていました。あるときウミは石を使って人口調査をすることにします。場所はハワイ島西部に位置するファラライと山の中腹にあるカイリ・ヘイアウ。人々は石を持って島中からこのヘイアウに集まり、居住地区を表す場所に石を積み上げていきました。八つに分けられたその石の山は、ハワイ島西側のコナ地区が一番高く積み上げられたそうです。この人口調査から、この山にファラライという名前がついたという説があります。ちなみにファラライとは、「フ」は「昇る」、「アラ」は人口調査のために運ばれた石を表し、「ライ」は積み重なった石の広がりを示しているそうです。

ヘイアウ

Heiau

古代ハワイの神々を祀《まつ》る神殿

ハワイの歴史を伝える石造りの神殿

ヘイアウとは、神々や精霊に祈るために建てられた神殿です。古代ハワイでは、戦争の勝利や豊作祈願、雨乞いや医療を行うためのヘイアウがハワイ各島の各地域に存在し、その数は８００を超えていたそうです。ヘイアウは西洋化が進むことですたれてしまい、現在、残っているものも原型をとどめてはおらず、ほとんどがわずかな石垣のみとなっています。

ヘイアウの起源は、タヒチで「マラエ」と呼ばれていた石積みの神殿だという説があり、タヒチからの移住者たちがハワイで神殿を作ったのが始まりだと考えられています。ヘイアウにはいろいろな種類がありますが、中でも広く知られているのが「ルアキニ・ヘイアウ」と「プウホヌア・ヘイアウ」です。ルアキニ・ヘイアウは人間の生贄《いけにえ》が捧げられたヘイアウのことをいいます。初期のヘイアウでは、人間の生贄は捧げることはなかったそうですが、12世紀にタヒチからきたパアオという巨大な権力を持つ聖職者の指示により、人間の生贄を捧げる習慣ができたといわれています。

プウホヌア・ヘイアウとは駆け込み寺のような場所です。罪を犯した者もこの地まで逃げることができれば、許しの儀式を受けることができ、罪を取り消してもらえたと伝えられています。

カフナによるヘイアウ建設

ヘイアウは、酋長《しゅうちょう》の命令の下、カフナ クヒ クヒ ヌ ウオネと呼ばれる神殿建設のカフナ(専門家)が設計し、建てられました。まずカフナは最初にぬれた砂でヘイアウの模型を作り、それを酋長に見せてから、実際の建設へと取りかかりました。ヘイアウに使われた石は溶岩で、形やサイズ、どこにあったものかといった要素から優れているものが選ばれ、何マイルも離れたところから運ばれることもあったそうです。

ヘイアウの中には木で作られた神の偶像が祀られたり、「アヌウ」と呼ばれる塔が建てられ、そこに供物が供えられたりしました。

女性のためのヘイアウ

古代ハワイにはカプと呼ばれるタブー制度があり、特に女性には多くのカプが課せられていました。たとえば、女性は男性と一緒に食事をすることも、ココナッツや豚などをはじめ特定の食べ物を食べることも禁じられ、漁の道具にも触れてはいけませんでした。なぜ女性に厳しいカプが課せられていたかにはいくつかの説がありますが、男性たちが女性たちの持つ強力なマナを恐れていたためだといわれています。女性たちはヘイアウへの立ち入りも禁止されていましたが、「ハレ・オ・パパ」という女性のためのヘイアウがあったそうです。ここでは豚やタパ（樹皮の布）が定期的に供えられ、儀式が行われる際はその地区の酋長が参加したそうです。また、このヘイアウには火山の女神ペレのための儀式を司るカフナもおとずれていたといわれています。

自然

ua
noe
makani

雨、霧、風……自然からのメッセージ

自然現象に神を見出すアニミズム

ハワイでは、風や霧や雨に何十種類という名前がついています。たとえば、霧はハワイ語でオフ、またはノエ、細かい霧はリリノエといいます。そしてそこに、その土地に限定された呼び名が加わります。たとえば、マウイ島のハナの地に降る霧の名は、ウアア・ケアアです。また雨はウアといいますが、カウアイ島のハナレイの地に降る激しい雨は「カ・ウア・ロク」と名付けられています。カ・ウア・ロクを歌った曲では、その雨の激しさが恋の炎にたとえられています。

古代ハワイの人々には、アニミズム(自然崇拝)があり、すべての自然現象に神々の姿を見出していました。たとえば、風に関しては、風の女神ラアマオマオの息子パカアが、母親からもらった風のひょうたんを使って風の名前を詠唱し、その名前の通りの風が吹いていると考えられています。霧は天の父ワーケアの精子で、霧がかかると、地の母パパと天の父ワーケアが愛し合っているとされていました。

今でも、自然とともに暮らし、そのエネルギーと密接につながっているハワイの人々は自然現象に神々の姿を重ね合わせ、様々なメッセージを感じ取っているそうです。

自然現象からの未来予知

古代ハワイにおいて、カフナ(専門家)たちは、雲、空、星、風、植物、波などの自然現象や、鳥や動物などの動きの中にさまざまな兆しを感じ取り、未来予知を行っていたといいます。カフナたちは、天気、人の死、戦争の結果、これから産まれる子どもの性別など、ありとあらゆる出来事を予知できたそうです。

雲から予知する場合、カフナたちは、形、地平線からの距離、色、どの方向に出現したか、一日のうちの何時ごろに出たかなどを観察したそうです。また、月の周りに小さな輪ができていると漁に適した日であり、大きな輪ができていると嵐の前触れ。旋風は差し迫った災害の警告で、高く危険な波は、酋長の危機が差し迫っていることを予知したといいます。

虹からの啓示

ハワイでの虹も、様々なメッセージ性をもった自然現象のひとつです。現代のハワイでは虹は幸運の象徴とされていますが、古代での虹は何かしらのサインを意味し、死や別離を意味するとされました。家族の誰かが旅をしている間に虹をみると不運を、出産の際に現れる虹は特別な子どもの誕生を意味しました。赤みがかった虹は、彼らのアウマクア(先祖神)が近くにいることを教えてくれました。また、虹で天気予報も行われていました。雨が降っている最中に虹が出るとこの雨がにわか雨であることを、風をともなう虹が出ると長時間にわたる雨を示したそうです。

月

Mahina

月のリズムで暮らしたハワイの人々

月の暦が生活のすべてを決めていた時代

古代ハワイでは、29・5日とされる月の満ち欠けの周期（今でいう太陰暦）に基づいて暮らしていました。彼らは月の満ち欠けを重要視しており、マカヒキ（毎年11月頃から4カ月間行われた豊穣の神ロノに捧げる平和の祭典）などの祭典や儀式から、漁やタパ（樹皮の布）作りの日取り、田植えを始める日まで、ほぼすべてを月の暦で決めていました。

当時の月の暦では、すべての日に名前があり、さまざまな禁止事項や奨励事項がありました。暦は新月の日から第一日目が始まります。一日目の名前はヒロ。この日は戦いの神クーを崇拝する日なので、クーの信者は儀式を行います。二日目はホアカ。ヒーリングには最適な日です。そうして、最後の三十日目はムク。漁に適した日ですが、ムクという言葉には遮断するという意味があり、不吉だとされていたので、カフナ（専門家）はこの日に患者の治療を行いませんでした。

このように、昔のハワイの人々は月の満ち欠けとともに、秩序のある生活を営んでいたのです。

月の暦の名称

それぞれ名称をつけられていた月の暦は、新月から10日目を「ホオヌイ」、11日から20日を「ポエポエ」、21日から30日を「エミ」と呼んでいたそうです。

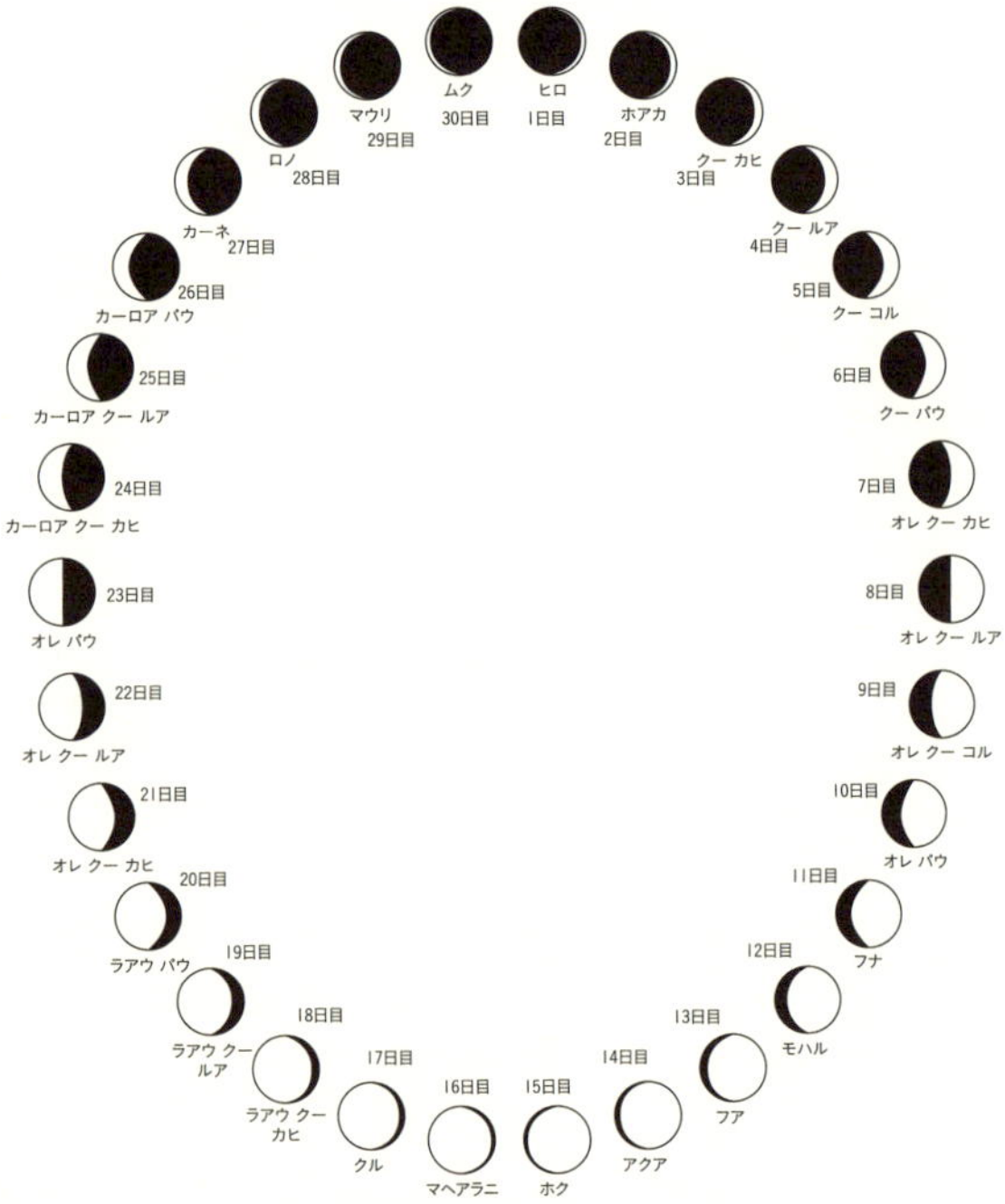

夢

Moe ʻuhane

ハワイの人々の魂が宿る場所

夢は神々やアウマクアとのコミュニケーションの時間

ハワイ語で「モエウハネ」とは「夢」を表す言葉です。「モエ」は「寝る」、「ウハネ」は「霊、精神」という意味です。古代ハワイでは、睡眠中は魂がアウマクア（先祖神）ともっとも密接にコミュニケーションをとることができるといわれてました。魂は眠っているときに体を抜け出し自由に行動すると信じられ、魂は友人や親せきに会いに行ったり、いろいろな冒険をするのだといいます。

また、夢は神々やアウマクアからのメッセージでもあり、夢で未来を予知することもありました。夢でのメッセージは、自然に受け取るだけではなく、事前に要求することもできたそうです。たとえば、解決したい問題があるときは、眠る前にアウマクアに夢で答えをくれるように頼みます。そして翌朝、その夢を分析し、答えを見出します。自然に見る夢には、強力なメッセージが込められていると考えられていたのです。

夢の解釈には大体の決まった意味があったそうですが、同じシンボルでも、ある家族には幸運を示し、他の家族では不運を示すこともあったそうです。一人の夢が家族全体に影響をおよぼすこともあったため、夢の分析は日常的に行われました。夢は自分のためではなく、他の誰かのためのメッセージである場合もあったそうです。

夢に出てくるシンボル

夢を解釈する時は、夢に登場する物が何かのシンボルとされました。たとえば、ひょうたんは人間を表しました。ひびの入ったひょうたんは誰かの病気を、壊れたひょうたんは誰かの死を表しました。夢ではすべての歯が家族の誰かと結びついていて、夢で歯が抜けると家族の誰かの死の前兆でした。また、夢分析では夢にでてくるものの名称も考慮されました。たとえば、きれいな水が流れているのはとても良い予兆でした。なぜなら、ハワイ語の水「wai」を「waiwai」と重複させると、富や資産という意味になるからです。

夢の重要性を信じていたハワイの人々は自分で夢の分析ができなかった場合は、夢占い師に助けを求めたそうです。

夢で恋に落ちた蔓《つる》の精　ラウカイエイエ

ハワイ島ワイピオ渓谷にラウカイエイエという名の蔓《つる》の精がいました。彼女は森の中で植物や鳥たちと仲良く暮らしていました。ある日、ラウカイエイエは夢の中である魅力的な男性と出会います。そして、毎晩夢に現れるその男性を探しに、仲間たちと旅に出ます。

その頃、カウアイ島のリフエの地で、カヴェロナという名の若い酋長《しゅうちょう》がラウカイエイエとの夢から目覚めました。カヴェロナが、夢占い師に自分の夢について聞くと、その女性が自分の将来の妻だということでした。さらに、彼女が仲間を率いて旅に出たことを知り、彼女を迎える準備をします。

二人は夢のお告げどおり無事に再会し、森の精たちとともにいつまでも仲良く暮らしたそうです。

Column

本来の「フナ」と体系づけられた「フナの教え」

「フナの教え」とは、カフナ（専門家）の教えを西洋人が研究し、まとめたもので、１９９０年代頃よりハワイで広められたといわれています。本来、「フナ」とは、ハワイ語で「隠された」または「隠された秘密」という意味で、それ以上の意味はなく、ハワイの人々は「フナ」という考えを持っていませんでした。

古代ハワイには、医療、儀式、カヌー製造などさまざまな分野において専門家たちがいました。ハワイの人々はそのような専門家を「カフナ」と呼び、尊敬していました。そのため、カフナというとシャーマンのような印象を持つ人もいるかもしれませんが、実際は専門分野のプロ集団のことを指しています。また、カフナは基本的に世襲制度でしたが、家族以外の者でも素質があれば後継者に選ばれることもありました。選ばれた者は何年も厳しい修業を受けたといいます。彼らの技術や知恵は外に広まることはなく、口承のみで語り継がれてきました。

こうして長年、外部に広まることのなかったカフナの教えに注目したのが、ハワイ文化の研究家であるマックス・フリーダム・ロング氏です。ロング氏は、閉ざされていたカフナの教えを研究し、その教えを西洋的な哲学や言葉を用いて文字にしてまとめました。その後、同じくハワイアンスピリチュアルの研究者、サージ・カヒリ・キング氏がカフナやヒーラーの豊かな知識を後世に伝えるために、七つの原則に体系づけ、一冊の本にまとめたといわれています。

このキング氏の「フナの原則」を次ページに簡単に紹介します。この原則はキング氏の独自の概念ですが、ハワイのスピリチュアルについての一つの考え方だといえるでしょう。

フナの原則

I

IKE—イケ

The World Is What You Think It Is.
世界はあなたの思う通りになっている

2

KALA—カラ

There Are No Limits
限界というものは存在しない

3

MAKIA—マキア

Energy Flows Where Attention Goes
注意を向けたところにエネルギーは流れる

4

MANAWA—マナワ

Now Is The Moment Of Power
今こそが力の瞬間だ

5

ALOHA—アロハ

To Love Is To Be Happy With
愛するとは共に幸せであることだ

6

MANA—マナ

All Power Comes From Within
全ての力は内側からくる

7

PONO—ポノ

Effectiveness Is The Measure Of Truth
効果こそが真実をはかるものさしである

出典：『アーバン・シャーマン』サージ・カヒリ・キング著 小林加奈子訳（株）ヴォイス刊

Column

ハワイを彩る色

ハワイの人たちにとって、色はとても重要な要素です。特に、ʻula(ウラ・赤色)、ʻeleʻele(エレエレ・黒色)、kea(ケア・白色)、melemele(メレメレ・黄色)の4色が古代ハワイでは神聖とされていました。

赤色は、戦いの神クーに捧げられる色であることから、クーを信仰していたカメハメハ一世は赤い羽根のマントを身につけていたそうです。また、火山の女神ペレにとっても赤色は神聖な色とされていて、赤いオヒア・レフアの花、赤いオヘロの実は、ペレへの捧げものとして有名です。

黒色は、豊穣の神ロノのための色です。ロノのためのヘイアウ(神殿)建設には、ラマという黒い樹皮を持つ木が好んで使われました。また黒色と赤色というセットで扱われることも多く、黒豚と赤い魚はロノへの供物でした。

白色は、カフナ(専門家)が儀式のときに身につけた色でした。白もロノを象徴する色でもあり、マカヒキという祭典を行う際には、T字の棒に白い布がかけられたロノを表す像が用意されました(P126参照)。

黄色はアリイ(王族)にとって神聖な色です。赤もアリイにとって神聖ですが、黄色のほうがより重要でした。アリイがまとったマントやヘルメットには黄色と赤の羽が使われました。フラの女神ラカの祭壇は、オレナ(ターメリック)で染められた黄色のタパ(樹皮布)が巻かれたラマの木で装飾されていたそうです。

また、ハワイの島々には島ごとの色が定められています。オアフ島が黄色、ハワイ島が赤色、マウイ島がピンク色、カウアイ島が紫色です。ハワイで年に数回行われるフェスティバルでは、各島から選ばれた女性たちが島の色を使ったドレスと島の花を身につけて馬に乗って行進するパウ・ライダーズを見ることができるでしょう。

第2章

「マナ」を増やす12の方法

普段の生活の中でも、ちょっとした
心がけ次第でマナをふやすことができます。
マナやアロハのパワーを上手に取り入れる
12の方法をご紹介していきます。

言葉にもマナが宿る

日本にも「言霊《ことだま》」という言葉があるように、古代ハワイでも言葉には、マナが宿るとされ、とても重要な意味合いを含んでいました。それを表すものに次のようなハワイの言葉があります。

「言葉に生命が宿り、言葉に死が宿る」

「言葉に生命と死が宿る」とは、簡単に言えば言葉に気をつけなさいということです。古代ハワイでは、言葉の持つエネルギーが大切にされていました。言葉には世の中を変えるほどの力があるとされていたのです。自然現象さえ言葉で変えられると信じられ、カフナ（専門家）はチャント（詩の詠唱）によって風を起こしたり雨を降らせることができたといいます。いかに言葉が重要視されていたかがわかります。

私がハワイで出会ったカフナは、「言葉は武器にもなるから発言に気をつけなくてはならない」と言っていました。なぜなら、悪気なく言った言葉でも、人を傷つけてしまうことがあるからです。そのカフナによると、発した言葉は、それを聞いた人だけではなく、言った本人にも影響をおよぼすのだそうです。

どんな言葉にも生命が宿っているので、汚い言葉、ネガティブな言葉を発していると、それを聞くすべての人をイヤな気持ちにさせてしまい、ひどい時には、自分に病気をも招いてしまいます。反対に、きれいな言葉、ポジティブな言葉を発するようにしていれば、それを聞いた人たちのもとにマナが届き、自分も健康になります。

一度発した言葉はもう取り戻すことができません。毎日無意識に発している言葉にも気をつけてみてください。また、言葉を発するときは、その言葉を聞いたときや読んだときに相手や自分がマナを感じられるような言葉の使い方ができるように心がけてください。例えば、「うれしい」「ありがとう」といった、人も自分も聞いて喜ぶ言葉を意識的に発するのもおすすめです。きっと誰からも好かれ、自分自身も健康で楽しい毎日になっていくでしょう。

Work

人が喜ぶ言葉やポジティブな言葉を発したとき、まわりの人の顔をみてください。笑顔であれば言葉に生命が宿っています。

Spiritual Phrase in Hawaii

1日1回、「アロハ!」という

「アロハ」という言葉は、皆さんにとっても親しみのある言葉かもしれません。

ハワイ語で「こんにちは」という意味を持つアロハですが、アロハは単に挨拶の言葉だけではありません。アロハの意味については、第1章でも説明しましたが、思いやりや、調和、分かち合い、許しといった、愛のある行為を示しています。

ハワイの歌には、「アロハ」という言葉がたくさん含まれており、欠かすことができません。それは、自然への賛美、愛する人への想いを表現するものとして、アロハという言葉が適切だからです。言葉にもマナは宿っていますが、アロハはたくさんのマナを含んだ言葉といえるでしょう。

以前、ハワイのカフナ(専門家)から、「1日に1回はアロハという言葉を使ってみてください」と言われてから、私は毎日必ず「アロハ！」と口に出すようにしていますし、メールを出すとき、ブログを書くときはいつでも冒頭に「アロハ！」と書くことにしています。

私は「アロハ！」と書くと、不思議と元気な気分になります。人と会うときも同じです。「アロハ！」と声に出して挨拶をすると、自分の体の中の細胞がいきいきとしてくる気がします。また、自分自身だけでなくて、アロハという言葉を目にしたり、耳で聞いた相手も、言葉の持つエネルギーが伝わり明るい気持ちになってきます。お互いが気持ちよくなれる言葉がアロハなのです。

誰かに「アロハ！」と声をかけるときに心がけていただきたいのは、アロハという言葉の持つ愛の波動を相手に伝えることです。乱暴な言い方や、嫌な気分のままアロハと言わないように気をつけてください。穏やかさ、陽気さ、優しさなどの波動とともに言葉を発することが大事なのです。

もちろん、人に対してだけでなく、自分自身に対しても「アロハ！」と声をかけてみてください。一番おすすめなのは、朝起きたときに、「アロハ！　今日も1日元気に過ごそう！」と声に出して言うことです。1日を前向きにスタートできるはずです。また、体調が悪いとき、落ち込んでいるときには、優しくアロハ、とつぶやくだけでも、あなたの中に愛の波動が溢れ、心身が元気になるでしょう。

ぜひ今日から1日1回、「アロハ！」と言ってみてください。

Work

今日、「アロハ！」と言ってみましたか？　それはいつ、どんな場面でしたか？　なんだか元気になってきた、気持ちがよかった、などと感じられれば、あなたの中に愛のエネルギーがあふれています。

自然からマナを受け取る

第1章の「マナ」のページで、万物にはマナが宿っているとお伝えしましたが、マナというのは受け取ったり与えたりすることができるものです。ここでは、自然からどうやってマナを受け取るかについてお話しましょう。

まず、大地です。ハワイでは地元の人のことを「カマアーイナ(Kamaʻāina)」と呼びます。カマは子ども、アーイナは土地という意味で、直訳すると「土地の子ども」という意味になります。さらに大地の女神ハウメアが出産と豊穣の女神でもあるなど、ハワイの人々にとって、大地は母なる存在であり、豊かさを与えてくれるものでした。

あなたがマナを受け取りたいと思った時には、ぜひ大地からマナを受け取ってください。方法は簡単です。裸足になって大地の上に立ったり、手で土を触るだけで十分マナは受け取れます。裸足が無理なら靴を履いたままでも大丈夫です。大地のエネルギーを感じながらしばらくじっとしてみてください。大地のエネルギーが自分の体の中に入ってくるのを想像するとさらによいでしょう。場所は自然がたくさんあるところに行くのがベストですが、それが難しいようなら、自宅の庭や近所の公園でも十分です。マナを受け取れるだけでなく、グラウンディング(大地とつながり心身を浄化すること)にもつながります。

次に、植物です。植物はパワフルなマナを持っています。ですが、枯れかかっているような植物には十分なマナがありませんので、元気で生い茂っている植物のマナを吸収しましょう。植物からマナを受け取るには、家の中に植物を置くこともおすすめです。どんな植物でもよいですが、ハワイの草花は日本でも育てることができるので、神聖な「ティ」などハワイの植物を育てるのもよいでしょう。

そのほか、水にもマナが宿っています。海岸や湖のほとりを歩くことでマナを受け取ることができます。自分が居心地がいいと思える場所が、マナを受け取れる場所です。お気に入りの場所を決めておいて、定期的に出かけるとさらによいでしょう。

最後に、マナを受け取ったら、感謝の気持ちを伝えましょう。心の中で、「マナをいただきました。ありがとう」と思うだけでいいのです。そして日々を元気に過ごしたり、仕事を頑張ることで、周囲に自分のいきいきとしたエネルギーを与えてください。そうやって、受け取ったマナを人に与えることが、マナを循環させることにつながります。

Work

あなたのお気に入りの場所はどこですか？　居心地のいい場所はきっとマナがあふれています。自然のマナを受け取ったら、今度は周りの人にマナを与えましょう。

Spiritual Phrase in Hawaii

すべての人に親切にする

ハワイでは、家族や身近な人のことを「オハナ('ohana)」といいます。オハナの「オハ」とはタロイモの球根のことを意味しています。ハワイの創世神話でタロイモと人間が兄弟とされていることから、家族を表す言葉に「オハ」が使われているそうです。またオハナとは、血縁関係にとどまらず、家族のように大切な人たちも含みます。

古代ハワイでは、友人はもちろん、見知らぬ人でも歓迎して食べ物を提供してもてなす風習がありました。なぜなら、そうした見知らぬ客人たちが神様の化身かもしれないと考えていたからです。ですから、たとえ自分たちの食糧が少なかったとしても、見知らぬ他人であっても、おとずれた人に食事を提供し、まるで神様をもてなすように接したといいます。そのように接することで、神様が自分たちの願いを叶えてくれ、守ってくれると信じていたのです。

こうした考えからハワイでは、「親切は必ず報われる」といわれています。たとえ、その親切が同じ人から同じように返ってこなくても、違った方法や別の人から必ず返ってくるとハワイの人たちは考えているそうです。では、人に親切にするにはどのようにすればよいでしょうか。親切といっても、ただやみくもに人の世話をすればいいというものではありません。相手にとって迷惑なことをこちらが強引に押しつけてしまっては、かえって相手の負担になるだけです。ですから、相手の状況をよく考えて、「きっとこれが必要だろう」と思えることや、「自分ならこうされたらうれしい」と感じることをしてあげてください。そうすれば、あなた自身にマナがあふれることはもちろん、なんらかの形で親切が返ってくるかもしれません。それが親切にしてあげた人からなのか、なにか別の形で返ってくるのか、ワクワクしながら待ってみましょう。きっと人に親切にすることが楽しくなるはずです。

Work

あなたが人からしてもらってうれしいことはなんですか？　それを身近な人にしてあげるとなんらかの形で親切が返ってくるでしょう。

Spiritual Phrase in Hawaii

手放しで祝福する

あなたは自分の周りの人の幸せを手放しで喜べますか？　人の幸せを喜べる人は、チャンスにも恵まれ、人からも愛されます。逆に、人の幸せを妬んだり、素直に喜べない人はマナも減り、運気を下げてしまいます。人が幸せになっても、あなたの幸せの量が減るわけではありません。自分だけが取り残されていると落ち込むことはないのです。それでも、そういった感情を抱きやすい人のために、次のような言葉を紹介しましょう。

「愛は鳥のようです。鳥のとまらない枝はありません」

開放的なハワイらしく、愛を、空を自由に羽ばたく「鳥」にたとえたこの言葉は、愛は特定のところにとどまらず、誰にでもおとずれるのだということを示しています。「自分だけが愛されていない」と不安に思う人は、自分に注がれている愛に気付いていないだけです。幸せはすでにあなたのもとにおとずれているのです。

ハワイの人たちは、「祝福」こそ調和と癒しを生む最高の方法だと考えています。なぜなら、祝福をすることで、その言葉の持つ優しく穏やかなエネルギーが体の中にあふれるからです。そして、そのエネルギーは、祝福をした人としてもらった人の両者に伝わり、両者ともに癒すことになります。心から祝福したときはあなた自身もうれしいし、相手もうれしい。一見、単純なサイクルですが、これがハワイの人たちのいうように最大の「癒し」かもしれません。

また、祝福の気持ちそのものはマナをふやし、幸運を引き寄せるといわれています。人を祝福することは、愛のエネルギーをもつ行為です。愛をもつことはマナをふやすことにつながり、マナがふえれば物事はスムーズに流れ、その結果、幸運を引き寄せることもできるからです。

今のあなたが満足な状況にいなかったとしても、あなたが関わる人に何か素敵なことが起こったときは心から祝福してください。自分が不幸なときにそんな風に思えない！　と思ったときこそ、人を祝福するチャンスです。祝福という強力なパワーがきっとあなたの身も心も健康にしてくれます。人を祝福する気持ちを持っていれば、あなたは守られ、困ったことが解決したり、救いの手がさしのべられるはずです。

Work

最近あなたが祝福した人、あるいはものごとを挙げてみてください。あなたは癒され、あなたのなかのマナは確実にふえています。

自分にやさしくする

　第3章でご紹介する月の女神ヒナは、怠け者で口うるさい夫との結婚生活に我慢をし続け、その結果、身も心も疲れてしまい、月へと逃げてしまいます。人のために時間を費やすことはときには美徳とされますが、そのせいでストレスをためて体を壊したり、精神的に傷を負ってしまっては、元も子もありません。

　自分を犠牲にしないこと、自分を大事にすることは何よりも重要です。自分を疎かにすることは、自分を痛めつけていることと同じです。自己否定や自己犠牲はちょっとずつ目には見えない傷を自分につけていることなのです。

　ハワイには「アロハ カーウア(Aloha kāua)」というあいさつの言葉があります。カーウアとは「私たち」という意味です。「私たち両方にアロハ」というこのあいさつには、「あなた」だけではなく、「自分」も入っています。「あなた」にだけアロハを送るのではなく、「私たち両方」にアロハを送っているのです。

この挨拶のように、人に気をかけるのだけではなく、自分のことも気にかけてください。自分の心と体はちゃんと元気なのか考えてみてください。人の世話をし尽くすことと同じくらい自分の世話をし、自分のために時間を使ってください。

では、どうやって自分の世話をしたらよいのでしょうか？　私からの提案は、自分を客人と思ってもてなすことです。あなたは客人にコンビニのお弁当を出しますか？　冷めた薄いお茶を出しますか？　乱暴な言葉を使いますか？　大切な人に食べさせてあげたい食事をあなた自身にも用意してください。大切な人に使う言葉で自分自身に話しかけてみてください。

そうやって自分を丁寧に世話することで、あなたの魂は満たされます。マナはあなたの魂が満たされれば満たされるほどふえていきます。マナがふえればあなたは健康になるだけではなく、健全な考えを持つことができ、それがあなた自身の成長につながっていくのです。

Work

人に元気？　とたずねるときは、心の中で自分にも元気？　とたずねてみましょう。そして、1日1回は自分に優しくしてください。今日のあなたは、自分のために費やした時間がどのくらいありましたか？

人と自分を信じる

あなたは人を信じることができますか？　また、自分自身を心から信じていますか？　ハワイには、他人や自分自身を信頼することの大切さを伝える言葉があります。

「歌い手に歌を選ばせなさい」

この言葉は、歌を選ぶのは第三者ではなく、歌い手本人を信頼して任せればいい、ということを意味しています。その場、そのときに歌うべき歌は、歌い手本人が一番よく知っています。こちらでコントロールするのではなく、信頼して任せることがその人を尊重することにもつながります。人を信頼することは、お互いの関係を良いものにし、つながりを深くしてくれます。多くの人とよいつながりを持てたのなら、お互いの人生がより豊かになるでしょう。

またこの言葉は、同じように自分を信頼することの大切さを伝えています。あなたの人生はあなたのものです。他の誰でもなく、あなたが自分の人生を決めるのです。そのためには、自分自身の能力や決断を信頼する必要があります。自分自身を信頼することで、迷いなく人生を進むことができるからです。

自分を信じる——。このことは一見簡単そうに思えても、実は難しいことです。たとえば、人と比べて焦ったり、先のことに不安を感じたりすることは、「自分なら絶対大丈夫！」と思えていないからではないでしょうか。自分を信じることができれば、むやみに不安を抱くこともなくなります。逆に自分を信じることができない人は、自己評価が低く、何事にも消極的で、人の意見に左右されてしまいます。

自分を信頼することはマナをふやし、人生をパワフルなものにしてくれます。そして、自分がどんな地位にいようと、何をしていようと、周りの人や世間の価値観に惑わされることなく生きることができます。あなたにしかできないことが必ずあると信じ、自分らしく生きてください。そうすれば、自分の人生を自らの決断で切り拓くことができ、進みたい方向へ進むことができます。

Work

「私には実力がある」「私は魅力的だ」など、毎日、自分を信頼する言葉を声にしてみてください。自分に自信が持てるようになり、自分が望む人生を歩んでいけるでしょう。

Spiritual Phrase in Hawaii

宇宙を信頼する

「このままこの仕事を続けてもいいのだろうか」「この人と結婚してもいいのだろうか」など、自分の将来について不安を抱くことは誰でも少なからずあることでしょう。また、試験の合否など、考えてもわからない事柄を気に病んでしまい、夜も眠れないという経験をした人もいるかと思います。

ハワイの考え方に「宇宙を信頼しなさい」というものがあります。未来に対してどんなに不安を抱いていても、逆に過剰な期待をしても、自分の願望がそのまま未来に反映されるわけでもありません。起きることは必要があってその人に起きています。それならば、考えすぎて無駄にエネルギーを使ってマナを減らすよりも、宇宙（天）を信頼して受け入れたほうが心おだやかに過ごせるという発想です。願いがかなわず、たとえ意に沿わない結果だとしても「いつかいいことが起きる」と思っていたほうがポジティブでいられる、というのがハワイのマインドなのです。
それでも、「本当にいいことが起きるだろうか？」と不安に感じてしまう人に、もうひとつハワイのことわざをご紹介します。

「登ることができないほど高い崖はない」

ハワイの人々には、その人に起きる問題は、すべて乗り越えられるものだという考え方が備わっているそうです。望まない結果や解決できないと思われる問題も何かしらの打開策を持っていると信じています。このため、困難に直面したときに無理だとあきらめることも、失敗したらどうしようと焦ることもないそうです。「登ることができないほど高い崖はない」とは「どんな困難も克服できる」ということを意味しているのです。

このように宇宙を信頼すると、不安に感じていることや困難だと思われることも、必ず克服できると思えてくるでしょう。宇宙は困難の先に、うれしいこと、楽しいこともちゃんとあるはずです。不安や悩みを抱えて、くよくよと悩み続けるより、すべてを宇宙にゆだねることができれば、大切なマナを減らすことなく、あなたの人生は明るい方向へ進むでしょう。

Work

もしも、不安になったり難しい問題が起きたら、「乗り越えられないことは起きていない」と自分に言い聞かせてみましょう。きっと心に平穏がおとずれます。

深い呼吸をする

マナは常に体内に宿り、スムーズに流れていくことが理想ですが、イライラしているとき、怒っているとき、忙しすぎて余裕がないときにはうまく流れません。ハワイ語で呼吸を「ハー(Hā)」といいますが、もしもイライラしてしまったり、忙しすぎて余裕がないときは、深い呼吸をしてみてください。これを何度か繰り返すだけで、頭がスッキリとして、マナがスムーズに流れ出します。

ここではハワイに根づく簡単な呼吸法をご紹介します。ぜひとも参考にしてください。

1：鼻から息を吸ってください。
2：「ハー」と言いながら口から息を吐いてください。
3：1と2を4回繰り返してください。

なぜ４回繰り返すかというと、ハワイの人によって「４」が神聖な数字だからです。呼吸法は簡単にでき、マナをふやすこともできるのでおすすめです。現代人はどうしても呼吸が浅くなる傾向にあります。深い呼吸によって体の中の細胞をいきいきとさせれば、活力も出てきますし、頭もすっきりと働くようになります。忙しいときでも、電車での移動中や、お風呂に入っているときなどに実践してください。

また、ハワイ語はすべての言葉が母音で終わり、人間の体に活力を与えるといわれています。そこで、私からの提案ですが、パワフルなハワイ語の中でも、愛を意味する「アロハ」という言葉を使って、呼吸をするのもぜひ試してみてください。やりかたは、先ほど紹介した呼吸法の２の部分で、１回目は「アー」、２回目は「ロー」、３回目は「ハー」と言い換えるだけです。「アロハ」というのを１セットとして、これを同じく４回繰り返してみてください。

マナをたくさん持っていれば、物事を成し遂げる力もふえますし、夢を実現させることができる可能性も高まります。ぜひ毎日の呼吸法を習慣づけて、マナをふやしてください。

Work

寝る前に、深い呼吸を4回行ってください。その後、ぐっすり眠れたら、心や体の痛み、ネガティブな感情が外に出ていっているはずです。

Spiritual Phrase in Hawaii

好きなことに熱中する

第1章でも説明しましたが、マナとは、超自然的な力、不思議な霊力のことです。マナは誰でも持っており、減ったりふえたり、人によっては多かったり少なかったりします。ハワイの人たちの考えでは、成功している人はマナを多く持っているといわれていたり、マナが減ると病気になったりするといいます。

では、マナはどういうときに一番ふえるのでしょうか？　それは、自分が好きなことに熱中しているときです。それはなぜか？　好きなことをしているときというのは、心も魂も喜んでいるからです。心と魂が満足すると、体の中の細胞もいきいきとし、マナがふえていきます。

逆に、やりたくないことを嫌々やったり、体調が悪くても我慢して物事を行っていると、マナを減らしてしまいます。マナはその人の持ちものや使ったものにも宿るとされているので、不満のエネルギーが注がれた仕事やものは、マナを持っていません。不満のエネルギーを持って物事を行うくらいならやらないほうがよいでしょう。それはあなたのためだけでなく、まわりのためでもあるのです。

ネガティブな思考はマナを減らすだけではなく、マナの流れを悪くしてしまいます。ですから、マナを減らすようなことは避け、マナがふえることを積極的にやっていきましょう。あなたが熱中できることに時間を費してください。

もしも、自分の好きなことに取り組みたいと思っていても、なかなか気分的にうまくいかないとき、私たちの背中を押してくれるハワイの言葉があります。

「火は決してもう十分だとは言わない」

火は何か燃やすものがある限り燃え続けます。自分のやりたいこと、目標がある限りあなたの情熱の火を燃やし続けてください。そこに終わりはありません。あなたが情熱の火を燃やし続ければ、マナであふれるだけでなく、きっと理想の人生を築くことができるでしょう。

Work

時間も忘れて、ひたすら熱中できることは何ですか？　それをしているときは、あなたのマナがふえ、いきいきと流れています。

バランスを取る

ハワイには、「この世にはさまざまな要素があってバランスが取れている」という考えがあります。たとえば、男性がいて女性がいる。いろいろな性格の人がいて、いろいろな考えがある。晴れの日もあれば雨の日もある。また、地球には人間だけではなく、動物や植物も存在しています。それらの何か一つが欠けてもこの世は成り立ちません。人間にとって不都合と思われる現象や物事さえも、この世には必要不可欠だとされています。

これは、人生においても同じことです。人の人生にも必ずよいこともあれば悪いことも起こります。その両方があってこそ、豊かな人生になります。したがって、自分の人生におけるすべてが必要な要素だと受け入れることが大切です。

何かのバランスが取れていないとき、マナはスムーズに流れていきません。悲しいことや自分の望まないことが起こったとき、こんなはずはない、認めたくない、と思って拒否し続けると、体が硬直しマナは滞ってしまいます。マナは滞ることなく、流れていくのが理想です。たとえ苦しくてもそれを受け入れてみてください。自分にとってよくない事柄も必要なことなのだと認め、受け入れることができれば、マナはスムーズに流れていくでしょう。

また、自分自身の内面のバランスを取ることも忘れないでください。誰にでも長所があれば短所もあります。自分のここが嫌いで許せない、と思うのではなく、これも私の一部分だと認めてみましょう。そうすることであなたはよりいっそう輝いていくはずです。

自分自身のバランスを取ることができたら、今度は人との関係もバランスを取るようにしてください。与えてばかり、貰ってばかり、というような関係の相手はいませんか？　あの人との関係では、いつも自分が一方的に頼っているな、などと感じる相手がいたら、こちらから積極的に手助けしてみてください。そのようにバランスを取れば、お互いがさらに居心地のいい関係になり、あなたと相手がマナを上手に交換できるようになるはずです。

日常のなかで、自分自身の内面や、家族など周りの人とのバランスが取れているか確認する時間を取り入れてください。すべてのバランスが取れたとき、あなたの人生は穏やかになり、マナはスムーズに流れていくでしょう。

Work

偏っているな、と感じることがあれば紙に書き出しましょう。人やものとの関係でバランスが取れれば、あなたの心はおだやかになり、マナが流れていきます。

Spiritual Phrase in Hawaii

人と会話をする

多くの女性の好きなものに「おしゃべり」があります。一般的に、女性は男性より話すことが得意だといわれるように、友人同士や家族、恋人たちと長時間話すことは楽しくて仕方がない、という人が多いのではないでしょうか。誰だって、気の置けない人と会話をするのは楽しいことでしょう。ハワイでは、そんな女性たちの味方になるようなことわざがあります。

「呼び声には生命がある」

これは、人から声をかけられたり、誰かと話をしたりすることは、その行為自体にマナが宿っているということです。会話をするだけで、マナが伝わるならすぐにできますね。どんどん人に声をかけてください。

ぜひやっていただきたい会話は、挨拶と一緒に「今日の洋服は素敵ですね」「その髪型はよく似合っていますね」「肌がきれいですね」など、相手の素敵なところを伝えることです。声をかけられた相手はきっととてもうれしい気持ちになり、あなたと会話ができてよかったと思うでしょう。そして今度はあなたのこともほめてくれるかもしれません。お互いによいマナを交換できるチャンスです。

ただ、ネガティブな内容の会話をしないように気をつけましょう。誰かの悪口や愚痴《ぐち》ばかりを言うのは禁物です。人やものごとを批判することは自分のマナを減らしてしまうことにつながるだけではなく、それを聞いた相手をも負のエネルギーで満たしてしまいます。愚痴を言って、その時だけ、気が晴れたとしてもよいことはひとつもありません。あの人のあの部分が嫌だなと感じたら、批判するのではなく、自分がそれをやらないようにしようと思えばいいだけです。声に出してしまうと、そこに生命が宿り、嫌なことは起こり続けてしまう可能性だってあるのです。

会話はマナの直接のやりとりです。人の悪い面ではなく、よいところやよい話をしながら、楽しんでください。そして機会があれば、相手のことを積極的にほめましょう。そうすればあなたの魅力がどんどん輝いていきます。

Work

今日は誰と会話をしましたか？　その人のことを何かほめましたか？　会話と一緒にその人の魅力的なところを声に出して伝えれば、マナの交流ができます。

第3章

ハワイの神さまと精霊

ハワイの神々は、皆ユニークで情熱的な神様です。
ここでは、ハワイ神話によく登場する神々を中心に
神々の性格やまつわる神話、そしてそこから読み取れる
メッセージについて紹介していきます。

ハワイの神々

口承で語られた人間味あふれる神々たち

「アクア」とはハワイ語で神、女神のことをいいます。ハワイには、およそ八百万の神々がいるといわれており、実に多くの神話が存在します。アニミズム（自然崇拝）であるハワイの人々は、火山の噴火や雷などすべての自然現象に神々の姿を重ねていました。

古代ハワイの人々は文字を持たず、すべて口承で伝えられていました。メレ（歌）、メレ・オリ（詩の詠唱）、フラ（踊り）などを通じて、広く伝承されてきましたが、ハワイ王家だけに口承で伝えられたハワイ創世の叙事詩『クムリポ』（P188参照）は、書物にして公表されるまで一般の人々に知られることはなかったといいます。こうした背景があるため、あらゆる神話は一説だけではなく諸説を持ち合わせています。たとえば、ある神話では、姉妹である神々が他の神話では親子だったり、古代ハワイで崇拝されていた四大神を三大神とする、といったことです。

ハワイの神々の起源にもいろいろな言い伝えがあります。ハワイにはクー、ロノ、カーネ、カナロアという四大神がいますが、この四大神はハワイ独自の神々というわけではありません。サモアやトンガなど全ポリネシア地域において、偉大な神々だとされています。また、地域によって若干呼び名が異なるようで、ポリネシア全般では「トウ（クー）、ロンゴ（ロノ）、タネ（カーネ）、タンガロア（カナロア）」と呼ばれているようです。

しかし、これらの神々がポリネシア諸島からハワイの島々へやってきたというわけではありません。ハワイでは多くの神々が、ハワイアンの祖先の故郷だと信じられている「カ

ヒキ」という島からやってきたと伝えられています。現在では、カヒキはタヒチであるという説が有力です。ハワイ神話では、カヒキからやってきた神々もいれば、もともとハワイ出身だといわれている神々もおり、両者が共存して成り立っています。

ハワイの神々の特徴の一つに、動物や自然現象にまつわる神が多く存在する点が挙げられます。たとえば、ハワイでもっとも崇拝されている女神ペレは火山の神であり、ペレには多くの兄弟姉妹がいますが、兄のカ モホ アリイはサメの神、姉のナー マカ オ カハイは水の女神、ペレの元夫カマプアアは豚の神です。また、ペレのライバルであるポリアフは雪の女神とされています。

また、ハワイの神々はいろいろな姿に化身します。ハワイ語で化身の姿を「キノラウ」と呼びますが、キノラウは植物、魚、鳥、石、雲、雷などがあり、実に多種多様です。たとえば、ペレのキノラウは美しい女性や年老いた女性ですし、ハワイ四大神でもっとも崇拝されている神カーネのキノラウは竜巻やさとうきびといわれています。また、化身した際には別名を名乗ることもあり、こうしたことがハワイ神話を複雑にしている理由でもあります。

　このように、とても不思議な特徴を持つハワイの神々ですが、神話ではとても人間的な姿を披露しています。恋愛に関しては、幸せな恋愛もあれば悲恋や三角関係の恋もあり、嫉妬や怒りに苦しんだりしています。また、冒険をしていろいろな発明をするなど、決して穏やかな神の姿だけではなく、人間味あふれる喜怒哀楽を隠さない姿が神話では語られています。

　次ページには、数あるハワイ神話の中で兄弟関係だといわれている神々を系譜にしてまとめました。諸説あるため、これが絶対的な系譜ではありませんが、複雑なハワイの神様を知るための参考資料として役立ててください。

ハワイの神々の系譜

ハワイの神々は兄弟姉妹の関係にある神様も存在します。ハワイの神々について知るヒントにしてください。(ただし、他の文献と異なる場合もあります)

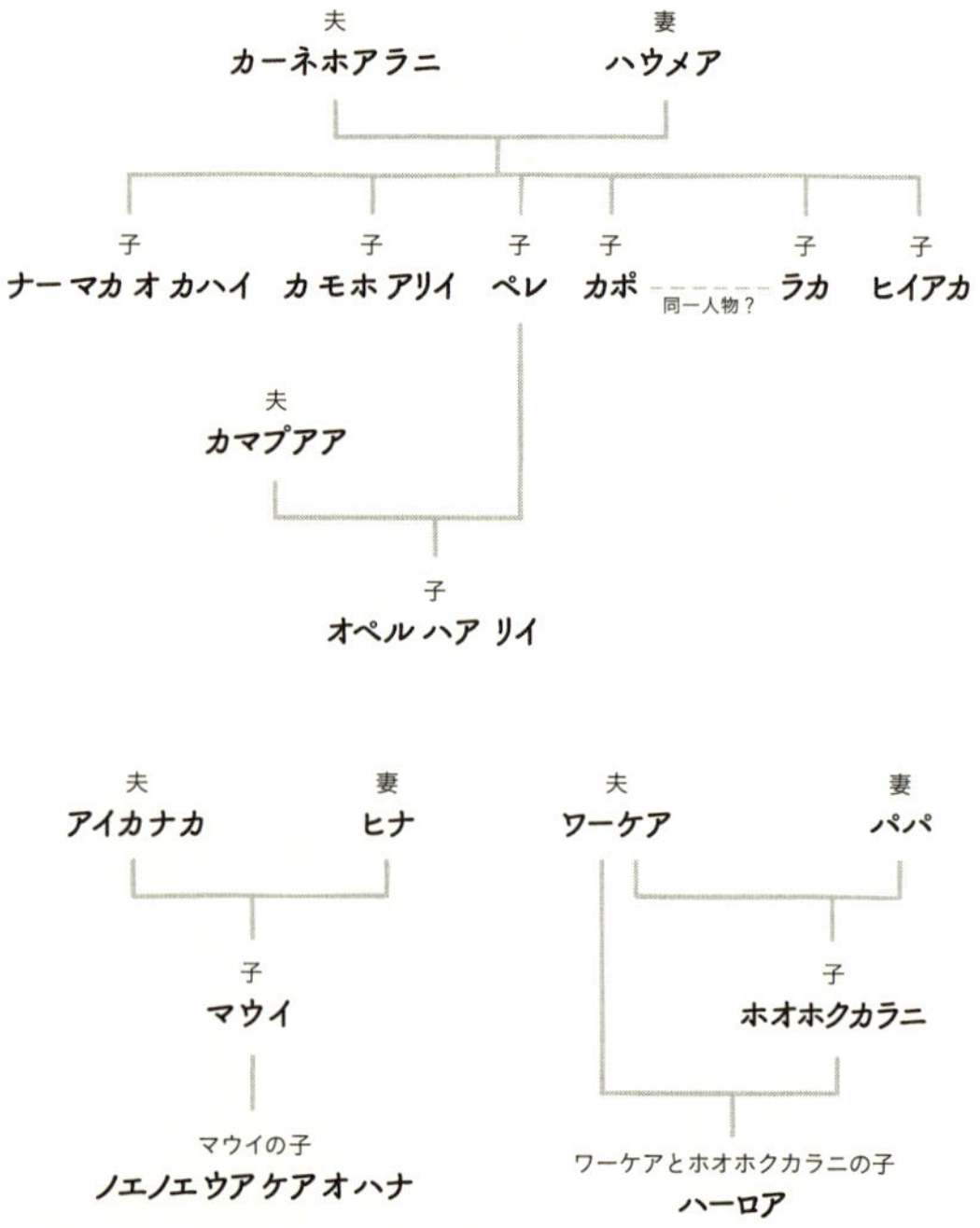

戦いの神　クー

✲**名称**　クーカイリモク
✲**役割**　戦いの神
✲**出身**　カヒキ

どんな神？　もっとも恐れられていた戦いの神

ハワイ四大神のクーは、「もっとも男性的な神」といわれています。クーには「立つ」という意味があるため、「直立するクー」という異名を持っています。漁業、戦争、森、農業、雨、カヌー、魔術などを司る神で、四大神のカーネ同様たくさんの姿を持つとされています。たとえば、「クーと月の女神ヒナは一人の神の二つの側面を表している」などです。他にクーの化身としてオヒアの木、ココナッツの木、鷹、うなぎ、ナマコなどが知られています。朝昇る太陽をクーだととらえていたという説もあります。

クーは戦いの神として崇拝されると同時に恐れられており、人間の生贄が捧げられることもありました。そのため古代ハワイでは、薬草を摘むときには、許しを請うためにクーに祈りを捧げました。カメハメハ大王がハワイ諸島統一のための戦いを始めるときに、ハワイ島コハラコーストにクーを祀るヘイアウ（神殿）「プウコホラ・ヘイアウ」を建てたことはよく知られています。このプウコホラ・ヘイアウではカメハメハ大王の従兄弟ケオウアがクーに捧げられる最初の生贄となりました。後にカメハメハ大王はハワイ諸島を統一しました。

クーにまつわる神話

✣クーとヒナ

対をなす関係性の理由

クーと月の女神ヒナは、様々な面で対をなす関係と考えられています。古代ハワイでは、昇る太陽をクー、反対に沈む太陽は月の女神ヒナととらえていました。また、クーはもっとも男性的な神、ヒナはもっとも女性的な神としても表現されています。クーとヒナを夫婦とみなし、クーに祈るときはヒナにも祈りを捧げたという説もあります。また、ハワイのマナ・カードにも、「クー／ヒナ」というカードがあります。対照的な２人だからこそ対をなしているのかもしれません。

✣クーとウルの木の伝説
自らを犠牲にして家族や仲間を救ったクー

クーが妻と二人の子どもたちとハワイ島のプナの地に住んでいたときのことです。あるときから雨がまったく降らなくなり、太陽が照り付け、土地が乾き、植物が枯れ果てました。人々は、「きっと神に祈りを捧げるのを忘れた人たちがいるせいだ」と口ぐちに言いました。

神々の怒りを鎮めるため、カフナ（専門家）が呼ばれ、供物と特別な祈りが捧げられましたが、それでも雨は降りません。子どもたちが飢えて弱々しくなっていくのを見て、クーと妻は心を痛めました。実は彼にはみんなを助ける術があったのですが、クーがそれを実行すると家族と離ればなれにならなければならず、葛藤《かっとう》していたのです。

その後、決心したクーは大好きな家族に別れを告げると、頭を地面につけました。地面がクーを飲み込んでいるかのように、ゆっくりとクーの体は頭から足まで沈んでいき、完全に地面の下へと消えていきました。家族たちは悲しみの涙で地面をぬらしながらその場所を見守りました。すると、次の朝、植物が芽を出し、みるみるうちにウル(パンノキ)となり、たくさんの実がなりました。その実のおかげで家族とハワイ島の人々は飢餓から救われたのです。

Message

戦いの神として恐れられているクーにも
家族を救う優しい面があるように
誰にでも二面性があります。
どちらも自分に必要な要素として受け入れてください。

豊穣の神　ロノ

✻名称　ロノ
✻役割　豊穣の神
✻出身　カヒキ

どんな神？　平和と豊穣を司る神

四大神のロノは農業、豊穣、平和、スポーツの神です。雲、風、雨、雷、嵐、竜巻、虹などの姿に化けて現れます。ロノは白い肌の男性に化身することもあり、また、豚の神カマプアアはロノの化身の一つという説もあります。ロノはアホレホレ(ハワイアンフラッグテイルというハワイ固有種)などの魚や、ククイの木、タロイモの姿にも化身するといわれます。

古代ハワイでは、毎年11月頃から4ヵ月間にわたって、「マカヒキ」という祭典が行われていました。これは、ロノに捧げる平和を象徴した祭典で、その間、仕事や儀式や戦争は中断されます。

マカヒキのはじまりは、日没にプレアデス星団が見えた後の新月からで、カフナ（専門家）により告げられました。そして、タロイモ、さつまいもなどの供物が集められ、さらにボーリング、レスリング、ボクシングなどのスポーツが行われていたそうです。祭典の期間中はロノマクア（T字の棒に白い布、鳥の羽根とシダのレイがかけられたロノを表す像）が島中を巡ったといわれています。

ロノにまつわる神話

✣カヒキへと旅立ったロノ

妻への嫉妬に狂った罪滅ぼしの旅

ロノはハワイ島に降り立ち、人間の女性と結婚して、ケアラケクア湾に住んでいました。ところが二人の結婚生活は長くは続きませんでした。妻がとても美しく、多くの男たちから注目を集めていたため、ロノは妻の浮気を疑ってしまいます。そしてとうとう疑念から妻を殺してしまいました。その後、自分の犯した罪に気が付いたロノは、罪滅ぼしをしようと、大きなカヌーに乗り、「たくさんの食べ物を積んで戻ってくる」と約束し、ハワイアンたちの祖国のカヒキへと旅立ったそうです。

このような神話から、前述の祭典・マカヒキは約束どおりロノが豊穣を携えて戻ってくることを祝う祭典だと言われています。

✣ロノとキャプテン・クック

ロノと間違えられたキャプテン・クック

イギリスの探検航海士キャプテン・クックが1779年1月ハワイ島ケアラケクア湾へとやってきました。それはちょうどマカヒキの時期でした。そしてキャプテン・クックの船の帆がT字の棒に白い布がかけられたロノマクア(ロノを表す像)にそっくりであったことや、ケアラケクア湾がロノの港とされていたこと、キャプテン・クックがロノの化身する容姿の特徴と一致していたなどの偶然が重なり、ハワイの人たちはキャプテン・クックをロノだと信じ込んでしまいました。キャプテン・クックはハワイ島の王カラニオープウからも最高の待遇を受けます。ところが、その後、ロノではないことを知ったハワイの人々の手によって、キャプテン・クックは死を遂げることになりました。

Message

ロノは妻を疑ったことで自らも苦しみました。
猜疑心は不安しか生み出しません。
相手を信じ、心を穏やかに保ちましょう。

創造の神

カーネ

✻名称　カーネ
✻役割　創造の神
✻出身　カヒキ

どんな神？　平和と豊穣を司る神

ハワイ四大神の中で最高位であるカーネは、太陽の光、新鮮な水、風、生命力を創り出す神です。一説では、ハワイの創世神話でハワイの島々と人間を創った神、パパとワーケアの交わりから生まれ、海の神カナロアとともにハワイアンの祖先の故郷カヒキからやってきたといわれています。

カーネは70もの姿といくつかの名を持つといわれ、カヘキリという名では雷の姿、カーネホアラニという名では天の支配者、カーネフリコアという名では海の姿、また、カーネの名前では竜巻として現れることもあったそうです。そのほか虹、天に輝く星、断崖に吹く風、ふくろう、さとうきびなど、カーネはさまざまな姿で現れると伝説では語られています。また、カーネは水を沸き出す能力があるとされ、カーネの水にまつわる神話が数多く残されています。

多くのハワイの人たちは今でも、円錐形の石をカーネの石として祀《まつ》っています。また、カーネにとって神聖な色は黄色で、ハワイ語でカーネは男性を意味します。

カーネにまつわる神話

✣マイヘアとウラアの伝説

息子を神々の元へ送った父親の物語

オアフ島エヴァの地で、マイヘアという男が息子ウラアとともに暮らしていました。信心深いマイヘアは、ウラアを偉大なカフナ(専門家)にしてくれるよう、毎日カーネと四大神のカナロアに祈っていました。ある日、二人の見知らぬ男たちが現れ、マイヘアは丁寧にもてなします。食事の後、客人たちがカーネとカナロアだとマイヘアが気付くと、二人はウラアを神々の地に連れて行くと約束し、去っていきました。

その一件からしばらく経ったある日、浜辺に大きなクジラが岸に静かに横たわっているのが見えました。人々がクジラの背中や頭の上に乗り、海へ飛び込む様子を見て、ウラアは自分も同じようにしてみたい、と父親に頼みました。マイヘアはしぶしぶ承諾し、ウラアはクジラの背中に乗りました。すると、クジラは突然息を吹き返し、ウラアも他の人たちもみんな海の中へ振り落とされてしまいました。マイヘアは息子を探しましたが、見つかりません。マイヘアは神に許しを請いながら泣き続けました。

マイヘアが泣き疲れて寝てしまうと、夢の中にカーネとカナロアが現れ、使者であるクジラが息子を運び、今は神々の国で自分たちと一緒にいると告げました。

数年後、マイヘアがタロイモ畑で働いていると、大きく成長した息子が現れました。ウラアはカーネとカナロアから学んだヘイアウ（神殿）の建て方と神への祈り方を父に伝え、二人は神へ祈りを捧げながら平和に暮らしました。

✣カーネの水

死者を生き返らす魔法の水

カーネがカナロアとともに旅をしている途中、杖を地面に突き刺すと、そこから新鮮な水が湧き出たという伝説があります。カーネの水は死者を蘇らせると知られており、「命の水」だと信じられてきました。今でもカーネが水を湧き出したといわれる場所がいくつかあり、有名なのが、オアフ島ホノルルにあるプナホウ・スクール（私立高校）の中庭の泉。カナロアが「喉が渇いて死にそうだ！」というので、カーネが杖で地面を突き、水を湧き出させたという場所です。

Message

カーネは何もないところに水を湧き出せます。
あなたもカーネのように自分の中の泉を沸き出すことができれば、
あなた自身も周りも豊かになります。

海の神
カナロア

✻名称　カナロア
✻役割　海の神
✻出身　カヒキ

どんな神？　カーネとともにやってきた海を守る神

ハワイ四大神の一人で海の神・カナロアは、創造の神カーネとともにカヒキからやってきたといわれており、カーネと一緒に行動することが多いとされる神です。ハワイの人々は海の神であるカナロアに安全な航海を祈願しました。

カナロアもほかの神と同様に様々なものに化身します。もっとも有名なのは、ヘエ(イカ)です。ハワイ創世神話『クムリポ』では、カナロアは「イヤな匂いのするイカ」として語られています。古代ハワイではヘエは病を追い払うと信じられ、治療の儀式で使われていました。治療を行うカフナ(専門家)は、カナロアの化身のヘエが患者を癒すようにと、儀式で祈ったといわれています。ほかにも、カナロアが化けたものとして、バナナ、アラアラプロア(香草の一種)などがあります。カナロアへの供物は、聖なる植物アヴァや、アホレホレという魚や豚などでした。

また、カナロアはハワイの冥界《めいかい》と繋がっていると伝える説があったため、19世紀にやってきたキリスト教宣教師たちが悪魔としてとらえていたこともあったそうです。

カナロアにまつわる神話

✣この世と人間を創った四大神

海の生き物を創造した神・カナロア

ハワイでは、クー、ロノ、カーネ、カナロアの四大神がこの世と人間、あらゆる生物を作ったという神話があります。

この世が暗闇だった頃、海に浮かぶ巨大なひょうたんをカーネが拾い上げ、空高く放り投げて、ひょうたんの蓋は空となり、果肉は太陽と月に、種は星に、残りは大地になったといわれています。このときハワイの四大神たちはさまざまなものを創ることにしました。カナロアは「海を生き物で満たす」といい、珊瑚《さんご》、ヒトデ、貝、魚、イルカなどが生まれました。カーネは「地上を生き物で満たす」といい、芋虫、鳥、カメ、トカゲなどが生まれました。クーは「木を成長させる」といい、コア、ククイ、ハウ、ウィリウィリなどが生い茂りました。ロノは「食用の植物を成長させる」といい、ココナッツ、ウル(パンノキ)、さつまいも、さとうきび、バナナなどが生えました。さらにカーネは、モカプ半島で見つけた素晴らしい赤土で人間の形を創り、命を吹き込みました。こうして人間の祖先である男が生まれたそうです。

✣カネアプアの岩

カナロアに見放された弟

カナロアは弟のカネアプアとカーネとともにラナイ島に住んでいました。あるとき、のどが渇いたカナロアとカーネは、カネアプアに泉の水を汲んで来るようにと命令しました。カネアプアは泉に着くと尿意をもよおしてしまい、泉の中に放尿してしまいました。カネアプアは、自分の尿の混じった水を汲んで戻り、カナロアとカーネに差し出します。カナロアとカーネはのどが渇いていたので、その水を飲んでしまいました。飲み干した後、カネアプアの行いに気がつき、激怒した二人は鳥の姿に化身し、カネアプアを残してラナイ島を去ったそうです。ラナイ島カウノルの地には、残されたカネアプアが岩になったとされる「カネアプアの岩」があります。

Message

カナロアは大海を生き物で、満たしました。
あなたも大きな愛で、周囲を満たしてください。

火山の女神
ペレ

✻名称　ペレ ホヌア メア
✻役割　火山の神
✻出身　カヒキ

どんな神？　キラウエア火山に住む破壊と創造の女神

火山の女神ペレは、ハワイで今も崇拝され続ける神です。火山の女神というだけあり、性格は嫉妬心が強く、気性が荒い神として有名です。ペレは、ハワイの島で生まれた神ではなく、カヒキという国で、カーネホアラニを父親とし、大地の女神ハウメアを母親として、生まれました。ペレの名前「ペレ ホヌア メア」は、聖なる大地ペレという意味で、母親である大地の女神ハウメアにちなんで名付けられたといわれています。

兄弟姉妹たちとカヒキの海岸に住んでいたペレは、姉で水の女神ナー マカ オ カハイと争いごとが絶えず、故郷を離れて新たな住処《すみか》を求める旅に出ることになります。

ペレは、一番慕っているサメの神の兄・カ モホ アリイに見守られてカヌーで大海原を航海し、数カ月後、ハワイ島にたどり着き、ハワイの神になったといわれています。

ハワイの人々にとって、ペレは畏れられる存在であると同時に、ごく身近に存在する女神でもあります。ペレは激しい気質の持ち主といわれていますが、人々を助ける情を併せ持った女神だからこそ多くの人から慕われ続けているのかもしれません。

ペレにまつわる神話

✣火山キラウエアの伝説

キラウエア火山に飛んだペレの魂

ハワイ諸島にたどり着いたペレは、ニホア島、ニイハウ島、カウアイ島、オアフ島とハワイの島を次々に移動します。そのたびに、彼女の火を燃やすための穴を掘ろうと試みますが、姉で水の女神ナーマカ オ カハイによって水浸しにされて、ついにマ

ウイ島でナーマカ オ カハイによって死に追いやられてしまいました。肉体を失くしたペレの魂はハワイ島へと飛んでいき、キラウエア火山にたどり着きました。今もペレはキラウエアに住み、彼女の聖なる火を燃やし続けているそうです。また、古代からハワイの人々は、火山の噴火と流れる溶岩にペレの姿を重ね、彼女の怒りを鎮めるために祈りと供物を捧げているといわれています。

✣激情型ペレの伝説

ペレを怒らせた少女

ある時、二人の少女がウル（パンノキ）を焼いていました。そこに老婆に扮したペレがやってきて、何か食べるものを分けてほしいといいました。一人の少女は自分の分を老婆に与えましたが、もう一人の少女は断ってしまいました。怒ったペレは、キラウエアの噴火を起こし、食べ物を断った少女の家を溶岩でのみ込んでしまったそうです。

✣ペレと恋人ロヒアウ

美しい王子と恋に落ちたペレ

ある日ハラ（パンダナス）の木の下で深い眠りについたペレの耳に、どこからか太鼓の音が聞こえてきました。その音に惹きつけられ、ペレの魂は肉体を離れカウアイ島へと向かいます。そこには若くてハンサムなカウアイ島の王子ロヒアウがいました。美しい声でチャント（詩）を歌うロヒアウにペレは美しい女性の姿で近付き、二人は恋に落ちます。ところがペレは自分の肉体に戻らなくてはなりません。二人は再会を約束し、ペレの魂はハワイ島の自身の肉体へと戻ります。ペレは、カウアイ島に迎えをよこすことを決め、妹たちを集めます。そこで妹のヒイアカがペレのためロヒアウを連れてくる旅に出ることになるのです。

Message

ペレのように情熱のままに動くこともときには重要ですが、行動する前によく考えることも必要です。

雪の女神

ポリアフ

✻名称　ポリアフ
✻役割　雪の女神
✻出身　ハワイ島

どんな神？　火山の女神ペレの最大のライバル

ポリアフは、ハワイ島マウナ・ケア山に住むといわれている雪の女神です。容貌は、火山の女神ペレが嫉妬するほど美しいことでも知られており、いつも白い雪のマントを身につけ、冷たい体をしていました。ポリアフはしばしばそのマントを広げ、マウナ・ケア山の頂上を雪で覆います。また、彼女はそり遊びが大好きで、マウナ・ケア山の斜面を滑っては楽しんでいました。

火山の女神ペレとはライバルの関係で、マウナケア山が死火山になったのは、ポリアフとペレの壮絶な戦いの末に、ポリアフが勝利したからだといわれているほどです。

ポリアフの美しさに嫉妬したペレがポリアフにそり競争を挑んだのがきっかけで起こったその戦いは、ポリアフの冷静さが彼女を勝利に導いたといわれています。ポリアフはペレと互角に戦える力強さがあり、ハワイの人々の間で尊敬されていました。マウナ・ケア山には、他にもリリノエ、ワイアウ、カホウポカネという雪の女神たちが住んでいたと伝えられています。一説によるとリリノエは霧の女神で、ポリアフの姉妹といわれています。

ポリアフにまつわる神話

✣火山の女神ペレとのそり競争

溶岩が流れないマウナ・ケア山

ポリアフがマウナ・ケア山の東側ハマクアという場所でそり遊びをしていたときのことです。ポリアフは誰よりもそりを操るのが上手で、そり競争では負けない自信がありました。そこに現れたのは黒いマントを着た火山の女神ペレ。かねてからポリアフにライバル心を燃やしていたペレは、正体を隠してそり競争を申し出ます。そんなこととは知らないポリアフは、ペレとの競争に挑みます。

そして何度もそり競争が行ったものの、そのたびにポリアフが勝ちます。それに怒ったペレは正体を現し、溶岩でポリアフを攻撃しますが、ポリアフは雪で溶岩を凍らせてしまいます。退散したペレはそれ以降、決してポリアフの住むマウナ・ケア山には近付かなかったそうです。そして今でも、マウナ・ケア山の頂は彼女の雪で覆われ、マウナ・ケア山の領域にはペレの溶岩が流れてくることはありません。

✣カウアイ島の王子アイヴォヒクプアとの悲恋

アイヴォヒクプアの不貞と悲しい結末

カウアイ島の若くてハンサムな王子アイヴォヒクプアは、旅の途中にハワイ島でポリアフに出会います。ポリアフの美しさに魅了されたアイヴォヒクプアはすぐ結婚を申し込みます。そして二人はカウアイ島で盛大な結婚の祝宴をあげるのですが、そのニュースは他の島にも知れ渡ることとなり、そこでアイヴォヒクプアの不貞が発覚します。なんと彼はマウイ島のヒナ イカ マラマ（月の女神ヒナという説もあり）という女性とも結婚の約束をしていたのです。

怒りのあまりカウアイ島へと乗り込んできたヒナ イカ マラマの姿を見て、ポリアフは身を引くことを決意します。彼女は凍えるほど冷たい風を吹き、ハワイ島へと去るのです。ヒナ イカ マラマはあまりの寒さにマウイ島へと逃げ帰り、結局アイヴォヒクプアは一人残されたということです。ちなみにこの神話には、実はヒナ イカ マラマの正体が火山の女神ペレだったという説もあります。

Message

雪の女神のポリアフは、つねに冷静沈着です。
困難に直面したときは毅然とした態度で、
冷静になって切り抜けてください。

月の女神

ヒナ

✻名称　ヒナイカマラマ
✻役割　月の女神
✻出身　――

どんな神？　マウイの母親でタパ作りの名人

ヒナは月の女神ですが、半神半人のマウイの母親としても知られています。また、四大神の一人で戦いの神クーの妻という説もあり、クーとの結びつきも強い神といわれています。

ハワイの多くの神がそうであるように、ヒナはたくさんの姿を持つといわれています。珊瑚やウニ、リムカラという海藻など、海の生物に化身することもあります。

ヒナはマウイ島ハナのカウイキの丘に住んでいたとも、ハワイ島ワイルク川にあるワイアーヌエヌエ（レインボー・フォールズ）という滝の裏の洞窟に住んでいたともいわれています。

また、ヒナはタパ作りの名人でもありました。タパは樹皮から作る布で、木の皮を叩いてのばすタパ作りは大変な重労働ですが、ヒナは休むことなく来る日も来る日もタパを作り続け、家族のために洋服を仕立てました。家族のために尽くすヒナは良妻賢母の象徴と表現されることもあります。しかし、その後、自己犠牲の暮らしに嫌気がさして月へ帰ったという神話があるので、我慢もほどほどに、というメッセージとも受け取られています。

ヒナにまつわる神話

✣地上から月に逃げたヒナ

虹をのぼって平和な暮らしを手に入れる

ヒナは、人間の夫アイカナカとマウイ島に住んでいました。何人かの子どもをもうけましたが、ヒナにとっては幸せな生活ではありませんでした。夫は口うるさく、常に不平不満を並べてヒナに命令ばかりをしていたからです。

そんなある日、アイカナカがヒナに川でエビを釣ってくるように命令しました。網を持って出かけたヒナが川へ着くと、足元に美しい虹が降りてきました。ヒナが思わず虹に足をのせてみると虹がしっかりしていたので、ヒナは網を放り投げ、どんどんのぼって行きました。ところがのぼればのぼるほど、太陽が強く照りつけるため、とうとう虹から落ちてしまいました。ヒナが網を手に家へと戻ると、アイカナカがヒナを叩こうと手を挙げました。このとき、あとずさりしたヒナが頭上で目にしたのは月の光でできた虹でした。ヒナは水を汲むためのひょうたんとお気に入りのタパ（樹皮の布）とタパを作るための道具を手に、月の虹をのぼっていきました。アイカナカは後を追いましたが、虹は彼を支えてはくれませんでした。それからヒナは月で静かに暮らすようになりました。

ハワイで空に柔らかい白い雲が広がっているときは、ヒナがタパを広げて太陽で乾かしているときといわれています。

✣大トカゲの伝説

ヒナを攻撃した大トカゲのクナ

ハワイ島ヒロの町の近くにある滝ワイアーヌエヌエに、月の女神ヒナが住んでいました。ワイアーヌエヌエの上流には、クナという名の大トカゲがいて、美しいヒナを見初め、しつこく言いよりました。ヒナがクナの誘いを無視し続けると、クナは怒りだし、ヒナを攻撃し始めました。クナは岩を次々に滝に投げ込み、ヒナを溺れさせようとしました。危機を感じたヒナは息子マウイに助けを求めます。ヒナの叫び声はマウイ島まで届き、マウイはカヌーに乗って駆けつけ、魔法のこん棒でクナを叩きのめし、ヒナを助けました。今でもワイアーヌエヌエには、退治されたクナだといわれる大きな岩が残されているそうです。

Message

ヒナのように自分を犠牲にして我慢しても幸せにはなれません。周りの目を気にせずに自分の進みたい道を進みましょう。

半神半人のトリックスター　マウイ

✻ 名称　マウイ
✻ 役割　トリックスター
✻ 出身　マウイ島

どんな神？　数々の冒険を成し遂げた半神半人

マウイはハワイだけではなく、ポリネシア一帯で広く知られ人気のあるクプア（半神半人）です。母親は月の女神ヒナ、父親は人間で、マウイ島ハナ地区のカウイキの地に住んでいたといわれています。マウイは祖母からもらった魔法の槍とこん棒、魔法のカヌーの櫂《かい》、そして他の人にはない特別なパワーを持っていました。力持ちで冒険好きなマウイは、数々の偉業を成し遂げ、人間の役に立ちました。また、母親思いの優しい性格だったともいわれています。

マウイはトリックスター（物事の秩序を破り、神話や寓話の中で異彩を放つユニークな人物のこと)として知られ、多くの伝説を持ちます。また、マウイが太陽を捕まえたおかげで、今のように太陽はゆっくりと動くようになったという説や、マウイが天を持ち上げたおかげで、天は今の高さにあるのだという説まであります。

ほかにも、ハワイの島々を釣りあげたり、火の起こし方を人間に教えたり、天気予報を発明して人々の生活を豊かにしたといわれ、ハワイの人々にとってヒーロー的な人物といえるでしょう。

マウイにまつわる神話

✣ココナッツ・アイランド誕生

島を釣り上げたマウイ

マウイには四人の兄がいました。兄たちはマウイが魚を釣るのが下手なことをバカにし、たびたびマウイを置いてけぼりにしました。

あるとき、漁から戻った兄たちが手にしていたのはサメ一匹だけ。マウイは自分ならもっとすごい獲物を釣れると主張し、兄たちは仕方なくマウイを漁に連れて行くことにしました。マウイは「マナイ・ア・カ・ラニ」という名の魔法の釣り針に、呪文を唱えて海へと投げおろしました。すると、海の底が動き、大きな波が起こりました。大きい何かが釣り針に引っかかったのです。

マウイは、２日間もその獲物を引っ張り続けます。そしてようやく獲物が弱まってきた頃、兄たちに強く引っ張るように頼みました。すると、大地が海面に姿を現しました。マウイは振り返らないように兄たちに命じますが、兄の一人が振り向いてしまいます。するとたちまち糸はパチンと切れ、そこにはマウイが途中まで釣り上げた島が残りました。この島が、ハワイ島ヒロ湾に浮かぶココナッツ・アイランドだといわれています。

✣太陽をつかまえた神話

力づくで太陽を説得したマウイ

かつてのハワイの太陽は、夜はゆっくり、昼はとても速く動いていたそうです。マウイの母ヒナはタパ（樹皮の布）作りの名人でしたが、昼間が短いので樹皮を乾かせず、ひどく困っていました。そこでマウイは母のために、太陽と交渉をしに行きます。準備を万全にして、マウイは太陽の住処《すみか》であるハレアカラ山に向かい、山頂の火口でチャンスを待ちます。そして、見事太陽をとらえることに成功しました。

驚きわめく太陽に、マウイはもっとゆっくりと歩むよう命令します。嫌がる太陽をマウイはねじ伏せ、太陽はゆっくりと歩むことを約束しました。このマウイの勇敢な試みのおかげで、昼間が長くなったといわれています。

Message

マウイのように、正しいと思うことを実行に移してください。
きっと実り多い成果が得られるでしょう。

豚の神

カマプアア

✻名称　カマプアア
✻役割　豚の神
✻出身　オアフ島

どんな神？　ペレの元夫で気性が荒い豚の神

クプア（半神半人）であり、豊穣の神ロノの一面といわれることもあるカマプアアはオアフ島で生まれた豚の神です。とても気性が荒く野蛮な性格のカマプアアは、ハンサムな人間の男性や巨大な八ツ目の豚のほか、魚、シダなどさまざまな植物にも姿を変えることができたといわれています。

カマプアアはレホという美しい貝殻を持っていました。それは、ボートのように大きくなることもあれば、航海の後には腰布にしまいこめるほど小さくなる魔法の貝殻でした。彼はいつもその貝殻のボートで島々を航海しました。また、フムフムヌクヌクアプアア(モンガラカワハギ科のタスキモンガラ)という魚に姿を変えて島々を渡ったという説もあります。

カマプアアは火山の女神ペレとの結婚とその壮絶な戦いで知られており、ペレの住む火口に豚やフムフムヌクヌクアプアアを供える人がいるのは、ペレが一番喜ぶからだそうです。ペレとカマプアアは、今でもハワイ島の違う地域でお互いをけん制しあって暮らしているといわれています。

カマプアアにまつわる神話

✣ペレとの壮絶な戦い

ペレに侮辱され、怒り狂ったカマプアア

あるとき、カマプアアがペレの住処《すみか》である火口の端で休んでいたところ、火山の女神ペレと姉妹達が炎の舞を踊っている姿が目に飛び込み、ペレに一目惚れをしました。

カマプアアは、ハンサムな男性に姿を変えてペレにいいよりますが、カマプアアが豚

であることを見抜いたペレによって侮辱されてしまいます。

怒り狂ったカマプアアとペレの間で、壮絶な戦いが繰り広げられます。ペレが溶岩を流せば、大雨を降らせて応戦するカマプアア。カマプアアが起こした大量の雨によって水浸しになった火口を見て、ペレに加勢していたペレの家族たちが彼女に降参するように提案します。

とうとうペレは戦いを諦め、カマプアアの妻になりました。ハワイ島プナの地で暮らし始めた二人ですが、お互いの気性の荒さのために、ケンカの絶えない日々となりました。その後、二人は別々に住むことになったと伝えられています。言い伝えによるとペレはハワイ島の中でもプナ、カウ、コナなど乾燥した地域に、カマプアアはコハラ、ハマクア、ヒロなど雨の多い地域に住むことになったそうです。

また、もう一つの説では、カマプアアがペレとの結婚生活に嫌気がさし、フムフムヌクヌクアプアアに姿を変えて海へと逃げて、ハワイ島を去ったといわれています。

✣ペレとカマプアアの伝説

ペレから逃げるカマプアア

カマプアアはオアフ島でおばあさんと暮らしていました。あるとき、カマプアアは隣人や酋長《しゅうちょう》たちの鶏を盗むようになりました。みんなが犯人を捜し始めたので、おばあさんはカマプアアに隠れるようにいいました。カマプアアが隠れていると、おばあさんがカマプアアの居場所をみんなに教えています。慌てて逃げ切ったカマプアアは、なぜ自分の居場所を教えたのかとおばあさんを責めます。そこで、おばあさんはペレが化身していた姿だったと知ったのです。カマプアアはペレから逃れるためにオアフ島を駆け回ったそうです。オアフ島コオラウ山脈にはカマプアアがペレから逃げる際に掘った洞窟があるといわれています。

Message

カマプアアとペレのように勢いに任せて行動する前に、行動がどのような結果をもたらすのかを冷静になって考えることが必要かもしれません。

地の母と天の父

パパとワーケア

✻名称　パパハーナウモクとワーケア

✻役割　地の母と天の父

✻出身　カヒキ

どんな神？　人間を創り出した父と母

ハワイの創世神話で、ハワイの島々、そして人間を創った神として有名なのが地の母パパと天の父ワーケアです。パパの正式名称はパパハーナウモクといわれています。

またワーケアはアクア(神)ではなく、人間だったという説もあります。

ハワイでは、パパとワーケアの交わりからハワイの島々や人間やタロイモが生まれたといわれています。ハワイアンたちがタロイモを神聖なものとして大切にするのは、タロイモがパパの息子であり、人間の兄弟だからだといわれています。

また、ハワイ創世神話『クムリポ』(P188参照)によると、この世が始まったとき、世界はポー（暗闇・夜）だったそうです。それはパパとワーケアが固く抱き合って、外の光が差し込めなかったためです。この暗闇からは珊瑚《さんご》や魚、昆虫、爬虫類、鳥、豚などが生まれました。その後に生まれた神々がパパとワーケアを引き離したため、世界は光で満ち溢れ、アオ（光・昼）が始まったと伝えられています。

パパとワーケアにまつわる神話

✣ハワイの島々の誕生

ハワイ諸島を生み出したパパとワーケア

パパとワーケアの交わりからハワイの島々が生まれたといわれています。一番目の子どもはハワイ島、二番目がマウイ島、三番目がカホオラヴェ島です。その後、パパはカヒキに戻ってしまい、残されたワーケアはカウアという女性と交わり、ラナイ島が生まれたそうです。さらにパパはヒナと交わり、モロカイ島が生まれます。ワーケアが他の女性と交わったことに嫉妬したパパはルアという男性の神と交わりオアフ島を生みます。その後、和解したパパとワーケアからは七番目の子どもカウアイ島、八番目の子どもニイハウ島が生まれました。

＊この話はあくまでも神話であり、ハワイ諸島の誕生は、実際の地質学上の順序とは異なっています。

✣この世の始まり

ひょうたんから生まれた天と地

パパがあるときひょうたんを産みました。ワーケア（創造の神カーネの説もあり）がそのひょうたんの蓋を上に投げると、それが空になり、ひょうたんの果肉は太陽に、種は星に、ひょうたんの白い内側は月に、白い果肉は雲に、そしてひょうたんの残りの部分は大地と海になりました。これがこの世の始まりといわれています。

✣人間とタロイモの誕生

パパとワーケアとホオホクカラニ

パパとワーケアの間には、ホオホクカラニという娘がいました。ところが、ワーケアは自身の娘ホオホクカラニとも交わり、二人の間に子どもができます。しかし、子どもは産まれた直後に死んでしまったので、夜中に埋葬しました。すると翌朝、その場所からタロイモが生えてきました。そのタロイモはハロア(長い茎)と名付けられました。その後、二人目の子どもができますが、またハロアと名付けられ、この第二子が人間の祖先となったとハワイでは伝えられています。

Message

どんなに二人が愛し合っていても、
常に一緒にいるのでは新しいものは生み出せません。
ときに距離をおくことも必要かもしれません。

フラの女神 **ラカ**

名称　ラカ
役割　フラの女神
出身　モロカイ島

どんな神？　フラを初めて人々に教えた女神

ラカはフラの女神であり、森の女神、カヌー作りの神様ともいわれています。その出生は謎に包まれていて、多くの神話では火山の女神ペレの妹とされ、ある一説ではハワイ四大神のひとりであるロノの妹とされています。また、魔術の女神カポと同一視され、二人は一人の神様の善と悪を表しているという説もあります。

フラの発祥にも諸説ありますが、モロカイ島のマウナロア山にあるカアナの丘でラカが人々にフラを教えたのが起源だという説が有名です。今でもハワイのフラ・ハラウ(フラ教室)では、ラカを祀《まつ》るクアフ(祭壇)が置かれていて、フラダンサーたちはそのクアフに草花を供えています。

また、フラダンサーたちがカヒコ(古典フラ)を踊るときに必ず身につけるマイレの葉は、女神ラカの化身とされています。ダンサーたちは自分たちが身につける草花を摘むとき、ラカへチャント(詩の詠唱)を捧げ、草花を摘む許しを請う慣わしが今でもあります。このように、ラカはフラと深い関係を持っています。

ラカにまつわる神話

✣フラの一族・ライライ一家

フラをカアナの地にもたらした一家

遠い昔、ライライという名の一家が、太陽が昇る東の地からモロカイ島のカアナの地に移り住んできました。彼らはその地でフラの原型となる踊りとチャント(詩の詠唱)を披露しました。するとその新しい芸術に魅了された人々が、教えを乞うために集まりました。ところがライライ一家は100年もの間、神聖な踊りがむやみに広がるのを恐れて人々にフラを教えませんでした。
人々にフラを教えることを引き受けたのは、5代目にあたるカポウラキナウ ライライ（以下カポ）でした。カポは尊敬の心と謙虚さを持ってカアナの地を訪れる人にフラを教えると決めました。一番踊りが上手なケヴェラニの才能を認めたカポは彼女にケヴェラニ ウルヌイ ラエアラカという新しい名前を与えました。それから、ラカは島々へと旅に出てフラを広めたそうです。

✣フラ発祥の伝説

人々にフラとチャントを教えたラカ

ある日ラカは姉カポからモロカイ島で人々にフラとチャント（詩の詠唱）を教えるよう命じられます。カポはまた、フラとチャントを学ぶ者には以下の条件があると忠告します。まず、クアフ（祭壇）を作り、植物と豚、そして黒いアヴァ（コショウ科の植物。ハワイアンたちはこの植物を儀式に使用した）を供えること。そして、これらを供えるための正しいチャントを学ぶことです。ラカはカポの言いつけに従い、クアフを作り、マイレ、レフア、シダ、イエイエ、ハラペペ（パンノキ）、マウンテンアップル、ピリなどの植物を供え、モロカイ島の人々にフラを教えました。そしてさらにラカはニイハウ島で踊った最初の人となったそうです。

Message

何かを学ぶとき、そしてそれを伝えるときは、
カポとカアナの人々のように、
真摯かつ謙虚な姿でいることが大切です。

フラの守護者　ヒイアカ

✻ **名称**　ヒイアカ イカ ポリ オ ペレ

✻ **役割**　フラの守護者

✻ **出身**　ハワイ島

どんな神？　卵から生まれたフラの守護者

ヒイアカは火山の女神ペレの一番お気に入りの末の妹で、フラの守護者といわれています。健気で忠実な性格で、いつもペレの保護下に守られて暮らしていました。また、フラの名手でもあり、薬草を扱うヒーラーでもありました。

ヒイアカは、カヒキで大地の女神ハウメアの手の平から卵の姿で生まれ、ペレに温められて孵化《ふか》したといわれています。そのため、名前も「ヒイアカ イカ ポリ オ ペレ」（ペレの胸に抱かれたヒイアカ）と、名前の中にペレの名が入っています。ヒイアカは、いつもペレの言うことに従い、ペレも自分で温めたヒイアカを誰よりも愛し、注意深く見守ったそうです。

ヒイアカは、ペレに守られる存在でしたが、実はペレと変わらないほどの強さを持った女神でした。ペレのために出かけた困難な旅では、魔術を使って魔物を撃退し、死者を生き返らせもしました。カヒキで生まれた神々と違い、ヒイアカはハワイ島で孵化したため、ハワイ出身の神としてハワイの人々に愛されています。

ヒイアカにまつわる神話

✣ペレと恋人ロヒアウとの三角関係

古典フラにも登場する伝説的な恋愛

あるとき、ペレは夢の中でカウアイ島まで行き、王子ロヒアウと恋に落ちます。長い夢から目覚めると、ペレはヒイアカにロヒアウを迎えに行くように頼みます。ペレが40日以内に連れてくることを条件にすると、ヒイアカは戻るまでオヒアの森や友人ホーポエを傷つけないように懇願し、旅立ちます。

ヒイアカがカウアイ島にたどり着いたとき、ロヒアウはペレに恋焦がれるあまり死んでいました。そこでヒイアカは魔術でロヒアウを生き返らせ、ペレが待つハワイ島へと向かいます。

一方ペレは、二人の戻りが遅いのを裏切りだと勘違いをし、オヒアの森とホーポエを溶岩で焼き尽くしてしまいました。

もちろん、ヒイアカはペレを裏切ってなどいません。しかし、焼き尽くされたオヒアの森と変わり果てたホーポエを見て、復讐心からペレの前でロヒアウと抱き合います。その姿をみて、怒り狂ったペレは溶岩を流してロヒアウを死なせてしまいました。

その後、我に返ったペレは、ヒイアカのためにロヒアウを生き返らせます(元々二人は惹かれ合っていたのです)。生き返ったロヒアウはヒイアカと二人でカウアイ島へ旅立ち、幸せに暮らしたそうです。この神話は、今も多くのカヒコ(古典フラ)で題材にされるほど有名な神話です。

✣ヒイアカの魔法のパウ

半島になったトカゲのしっぽ

ヒイアカがロヒアウを迎えに行くためハワイ島を旅立つとき、ペレから授けられたのが魔法のパウ（スカート）でした。このパウはシダでできていたといわれています。ヒイアカはハワイ島からカウアイ島へ向かう旅の途中、オアフ島でモコリイという魔物のトカゲに遭遇しました。そのとき、魔法のパウでモコリイを撃退し、そのしっぽを海に捨てたそうです。オアフ島東部にある小さな半島・モコリイ（チャイナマンズ・ハット）は、ヒイアカが魔法のパウで退治したモコリイのしっぽだといわれています。

Message

ペレの保護下にあったヒイアカも
神としてすばらしい力を持っていました。
自分の力を信じて行動すれば、人はその行動に心を打たれます。

大地の女神
ハウメア

✻名称　ハウメア
✻役割　大地の女神
✻出身　カヒキ

どんな神？　豊かさの象徴である母なる女神

ハウメアは母なる大地の女神であり、豊穣の女神、出産の女神ともいわれています。手には必要なものを与えてくれるマカレイという魔法の杖を持って描かれることが多く、年を取るとその杖を使って若返り、自分の子孫と交わり出産するといわれています。また、マカレイはあふれんばかりの食物を供給し、海につけるだけで魚を引き寄せることができたといいます。

ハウメアはたくさんの子どもを産んだといわれています。ペレは腿《もも》から、ペレの妹ヒイアカは手の平から、また他の子どもたちは胸や口など体のさまざまな部分から産み落としました。

ある神話では、ハウメアはハワイの天地創造の母パパや月の女神ヒナ、また、最初の人間の女性ライライと同一視されています。たくさんの夫がいたという説もあり、天地創造の父ワーケア、カーネホアラニ、モエモエアアウリイなどが名を連ねています。

出産の女神でもあるハウメアは、酋長《しゅうちょう》の妻たちの助産婦の役割を受けることもあったといいます。ハウメアは母性の象徴なのです。

ハウメアにまつわる神話

✣頭から娘を産み出した伝説

ハワイの神々の産みの親

出産の神であるハウメアは自らもたくさんの子どもを産みました。ペレとヒイアカを産んだことは前ページでも説明しましたが、ハウメアがハワイ島のサウス・コナに着いたときのことです。偶然、2人の漁師がハウメアの到着に気付き、彼女を崇拝しました。その後、その漁師のうちの一人とハウメアは子どもをつくりました。ハウメアは、彼女の頭から娘を産み出したといわれています。この伝説などから、ハウメアは多産の神として広く知られています。

余談ですが、海王星の外側に「ハウメア」という準惑星があるそうです。この惑星には、衛星が２つもあります。これが、ハウメアの体のさまざまな部分から子どもが飛び出して産まれたという伝説にたとえられ、国際天文学連合が「ハウメア」と命名したそうです。

✣ハウメアの好んだ木マカレイ

出産の神ハウメアとムレイウラ

昔、カヒキという土地にオロパナという男がいました。その娘、ムレイウラの出産中に、ハウメアが通りかかりました。出産はかなりの難産で、母子ともに危険な状態でした。そこで島の人たちがハウメアに助けを求めると、ハウメアは「あの美しい木をくれるなら命を助けましょう」といいました。その木は、ムレイウラが大切にしているマカレイの木でしたが、ハウメアにこの美しい木を譲ることを約束しました。ハウメアが祈りと呪文を唱えると、ムレイウラはあっという間に元気になりました。あまりにもすぐに治ってしまったので、ムレイウラは木をあげることはできないと前言撤回します。するとすぐに、ムレイウラは再び苦痛に見舞われてしまいました。再び、木を譲ることを約束したムレイウラは、ハウメアの祈りと呪文によって回復しましたが、またもや大切な木をあげることが惜しくなり、譲ることを拒否してしまいます。再び苦痛に苦しむことになった娘をみかねて、父のオロパナは木を諦めるように娘を説得します。承諾したムレイウラは、ハウメアの強力な祈りと呪文により、元気に子どもを産みました。

Message

豊かさを受け取りたいときは、大地を踏みしめ、自然とのつながりを感じてください。
きっとハウメアが力を貸してくれることでしょう。

いたずら好きの小人

メネフネ

✻名称　メネフネ
✻役割　伝説上の小人の一族
✻出身　カウアイ島

どんな神?　カウアイ島の働き者の小人たち

メネフネは、カウアイ島に住んでいたといわれる伝説上の小人の一族のことです。身長は約80㎝くらいで、筋肉隆々の体格をしていたといわれています。彼らは、昼は休み、夜にこっそり働くので人間にその姿を見せることはありません。朝になったことを告げる雄鶏《おんどり》の声がすると、作業を放り出して姿を消すそうです。その理由は、人間に働くところを見られるのが嫌いだったという説や、臆病な性格だからだという説もあります。しかし、性格は陽気でいたずら好きだと伝えられています。メネフネはハワイの人々に親しまれており、今でもハワイでは何かがなくなったり、不思議なことが起こると「メネフネの仕業だ」と言うこともあるそうです。

メネフネに関しては諸説があり、タヒチのほうから移住してきた人々であるとも、ハワイ先住民であったがカヒキへと去って行った人々だともいわれています。また、実際に体が小さかったわけではなく、少数民族だったことから、「小さな人々」という言い伝えに変わっていったともいわれており、多くの謎が今でも残されています。

メネフネに関する神話

✣虹を作ったメネフネ

ハワイの虹は七色ではなく六色

昔、ハワイには虹がなく、雨が降るとどんよりとした空になるだけでした。そこで陽気なメネフネたちは虹を作ることにしました。赤い色はカヒリ(鳥の羽根で作られた王家のシンボル)の羽根からもらいました。オレンジ色はイリマの花から、黄色はバナナ、緑色はシダの葉、青色は深い海から汲んだ水、紫色は女王様のドレスから調達しました。メネフネたちはこれらの材料をコアの木の器に入れました。そこにカフナ（専門家）がやってきて、材料をゆっくりと混ぜると虹ができました。今もハワイでは虹の色はこの６色だといわれています。

✣ハワイ島に残るメネフネ伝説
メネフネたちのいたずらを止めた雄鶏の声

メネフネたちはハワイ島のファラライ山を見て、「山頂を切り取ってクイリ山にかぶせたら、面白いかもしれないと思いつきます。さっそくファラライ山の頂上で作業を始めますが、雄鶏が鳴いたので早々に引き上げます。メネフネたちは雄鶏が鳴いたら森に帰らなければならなかったのです。

その後、来る日も来る日も雄鶏が鳴くので、彼らはすっかりやる気を失いました。これは、創造の神カーネがメネフネたちの悪だくみを防ぐために雄鶏の声を発していたといわれています。

✣仲良しだった巨人のプニ

プニの亡骸が眠る山

カウアイ島には巨人のプニが住んでいたとされ、メネフネと仲良く暮らしていました。ある日、カウアイ島にオアフ島から軍隊が攻めてきました。メネフネはプニに助けを求めますが、プニは眠りが深く起きません。メネフネがプニを起こそうと大きな石を投げると、その石はプニに当たった後、オアフ軍に命中。見事、オアフ軍を退治することができました。その後、メネフネがプニの元へと行くと、プニは石に当たって死んでいました。メネフネはプニの死を、たいそう悲しんだそうです。カウアイの東ノウノウ山(スリーピング・ジャイアント)は、プニの亡骸だといわれています。

Message

何かに取り組むときは、最後までやり抜こうという決意とメネフネたちのような遊び心を持ちましょう。そうすれば楽しんで取り組めるでしょう。

フラの名手

ホーポエ

✻名称　ホーポエ
✻役割　フラの名手
✻出身　ハワイ島

どんな神？　女神ヒイアカにフラを教えた女性

火山の女神ペレの妹ヒイアカにフラを教えたことで知られるのがホーポエという女性です。ホーポエはフラの名手で、とても美しく優雅にフラを踊りました。ホーポエはハワイ島のプナ地区の海岸で、ヒイアカと出会い、ヒイアカにフラを教えたそうです。ところがホーポエは、ペレとヒイアカの戦い（Ｐ１６５参照）に巻き込まれ、岩の塊となってしまいます。ホーポエの岩は、風に揺れてくるくると回る様子がまるで踊っているように見えることから、踊る石と呼ばれていました。

この岩に関しては、１９４６年の大きな津波で流されるまでは、プナ地区の海岸で見ることができたという説や、今もどこかに残っているという説もあるようです。

ホーポエにまつわる神話

✣ヒイアカと親友になったホーポエ

溶岩の流れにのみ込まれたフラの名手

ヒイアカが卵のときからずっと見守っていたペレは、ヒイアカが成長すると、キラウエアの麓プナで友達を作るように勧めました。そしてプナの海岸でヒイアカはホーポエという若い女性と出会いました。ホーポエはヒイアカに赤い花のオヒア・レフアのレイの作り方を教え、フラを踊りました。二人は親友となり、ヒイアカはホーポエからフラを習いました。

ホーポエは、ペレとヒイアカとロヒアウの三角関係の被害者ですが、ホーポエが岩にされたのは、ヒイアカとホーポエの友情にペレが嫉妬したからという説も残されています。また、崖で踊ったホーポエのフラがあまりに美しく、ペレの溶岩でもすぐにのみ込むことができなかったともいわれています。

Message

溶岩を前にフラを踊ったホーポエのように
運命に逆らえないことがあったとしても、
全力を尽くすことを忘れないでください。

魔術の女神

カポ

✲ **名称**　カポ
✲ **役割**　魔術の女神
✲ **出身**　カヒキ

どんな神？　善と悪の両面を持った女神

カポは二つの異なった性格を持った女神だといわれています。善の側面としてはフラの女神ラカ、もう一つは破壊的な魔術を持つ女神カポで、ハワイ神話では二人はしばしば同一視されています。

カポはハウメアの娘であり、ペレの姉妹です。また、ラカの母親という説もあります。カポはカヒキからハワイへ移住したのち、フラ・ハラウ（フラ教室）を始めたといわれています。カフナ（専門家）たちは誰かにかけられた魔術をはね返す際、「カポ・ウラ・キナウ（赤いまだらのカポ）」という名でカポを呼び出したそうです。残酷で厳しい側面を持つカポは、あらゆる姿に化身することができ、カポがハラペペという植物に化身することから、フラのための祭壇にはハラペペが捧げられます。

カポにまつわる神話

✣ペレをカマプアアから救ったカポ

オアフ島のココ・クレーター「コヘレペレペ」

あるとき、カポは火山の女神ペレとともに旅をしていました。そこを通りかかった豚の神カマプアアがペレに一目惚れをし、二人の後を追います。しつこく追ってくるカマプアアを退治するため、カポは自分の膣《ちつ》を取り外し、それを思い切り投げると、カマプアアはその膣を追って姿を消しました。カポのおかげでカマプアアを遠くへ追いやることができたそうです。オアフ島のココ・クレーターはカポが膣を投げつけたためにできたとされ、「コヘレペレペ」（分離した膣）と名付けられています。

Message

窮地に陥った時でも解決策は必ずあります。
あきらめず、策を練ってください。

Column

ハワイの人々と祖先をつなぐカヌー「ホークーレア号」

ホークーレア号は、ハワイ古代の伝統的な航海術を再現したカヌーです。カヌーが再現されたのには、理由がありました。それは、ハワイの人々の祖先といわれる古代ポリネシア人たちがカヌーに乗って、タヒチやマルケサス諸島からハワイの島へ航海したことを立証するためです。

立証のために、ホークーレア号では古代の人たちの伝統的な航海術「スターナビゲーション」を駆使し、星の位置や、波や風の方向を読みながら、同じ航路で航海実験を行いました。そして、１９７４年にカヌーを完成させ、

1976年にハワイからタヒチへの処女航海を試みたところ、33日間の航海を成功させました。その後もホークーレア号は人と人との交流や、ハワイ文化と他国の文化をつなげるため世界を航海し続け、今では約30年間もの航海実績を誇るカヌーとなりました。

2007年1月24日、ホークーレア号が沖縄県糸満市の漁港に到着し、日本でも話題となりました。その後、約1カ月半をかけて最終目的地の横浜まで日本各地に寄航し、各地でハワイ文化と日本文化が交わりました。ちなみに、なぜ最終目的地が横浜だったかというと、

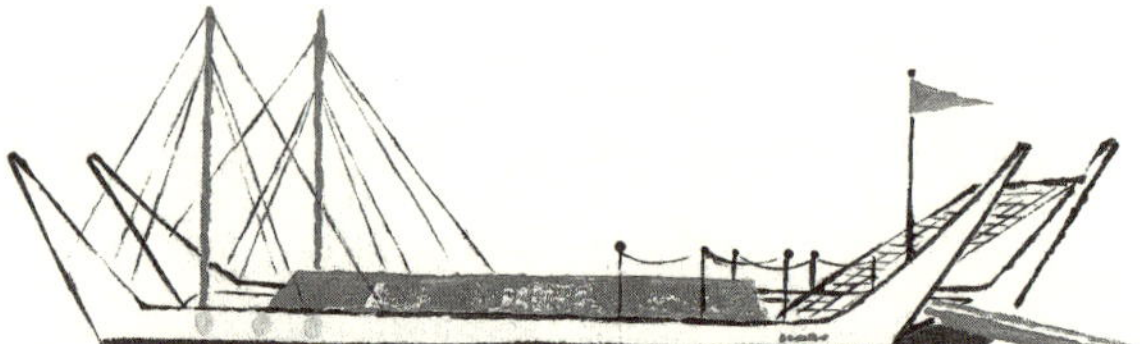

１８８１年にカラカウア大王が日本を訪問した際に上陸した地が横浜だったからです。

なお、ホークーレア号の名前の由来は「ホークー」は星、「レア」は喜びを意味します。かつてハワイでは、うしかい座の星・アルクトゥルスにホークーレアと名付けて、人々がカヌーで航海するときに、この星を目印に方角や距離を測ったといわれていることも名前の由来に関係しているのでしょう。

ハワイでのホークーレア号の存在は、自分たちがポリネシア人であるというアイデンティティの象徴となっています。そしてまた、さまざまな国を航海することで、文化のかけ橋となることや、航海技術を継承していくことも、ホークーレア号の使命の一つとなっています。

第4章

ハワイの神話

ハワイ州はおもに8つの島で形成されています。
それぞれパワーのある癒しの地であり、
たくさんの神話を持っています。
ハワイの島々とその言い伝えについて説明します。

ハワイの創世神話

ハワイにはたくさんの神話があり、それぞれの神について様々な言い伝えが残されています。本書では、一般的に知られている神話や言い伝えを中心に紹介しています。ハワイ神話の中で、王家に代々口承で伝えられてきた『クムリポ』という有名な創世神話があります。『クムリポ』は起源という意味のハワイ語で、世界の始まり、生物の誕生と進化、神々や王族の系譜を2102行にわたって語った叙事詩です。1889年にハワイ王朝7代目の王であるデイヴィッド・カラカウアが口承されていた『クムリポ』をハワイ語で書物に記して一般公表し、1897年には、カラカウア王の妹でありハワイ王朝最後の女王となったリリウオカラニが英訳して発表しました。

『クムリポ』によると、世界が始まっとき、この世はポー(暗闇・夜)でした。やがて混沌とした世界にアオ(光・昼)が現れ、その後、珊瑚《さんご》や魚など海の生物、虫や豚など地上の生物、鳥や蝶など空の生物、シダやタロイモなどの植物、そして神々や人間たちが生まれます。

全体は16の章（時代）に分かれています。始まりはこうです。

大地が熱くなったとき
　天がひっくり返ったとき
　　太陽の光が弱まったとき
　　　それは月を輝かせるため
マカリイ（プレアデス星団）の夜がはじまり
どろどろの土が大地を作り
深い暗闇の源
　深い暗闇
　　深い暗闇
　　　太陽の暗闇、夜の暗闇

夜だ
夜が生まれた

この後、夜の中にクムリポという男とポーエレという女が生まれます。続いて珊瑚、ヒトデ、ナマコ、虫などが生まれ、ウニや貝類が続きます。タロイモ、昆虫、鳥、植物、豚、ネズミ、ウサギ、犬、人間たちも増えていきます。

第7章まではポー（暗闇・夜）ですが、第8章では、アオ（光・昼）の時代が訪れます。

第8章では、人間の祖先ライライという女性とその息子キイ、ハワイ四大神のカーネとカナロアが生まれます。

その後、ライライと息子キイの間に子どもが生まれます。地上にライライの子孫が増え続けます。

第12章では大地の女神ハウメア、地なる母パパ、天なる父ワーケア、パパとワーケアの娘ホオホクカラニ、その息子ハーロアが登場します。

第13章では、ワーケアと娘ホオホクカラニの間に、ハーロアという子どもが生まれた様子が語られます。

第14章では、どんどん増えていく人間たちの名前が続きます。さらに、天体の説明が入り、マカリイを始めとした星団の名前が続いた後に月の女神ヒナが登場します。

第15章では、ヒナと夫アカラナからマウイが生まれます。

最終章の第16章では、半神半人のマウイがヒナ・ケアロハイラと結婚します。その子孫がやがてマウイ島の王族ピイラニの系譜となり、さらにハワイ島の王ウミと婚姻関係を持つことで王族の血筋となりました。『クムリポ』は最後に、「マウイの子孫ロノイカ マカヒキ王子に捧げる」と結んで、終わります。

オアフ島

✻別名　ギャザリング・アイランド(集いの島)
✻色　黄色
✻花　イリマ

聖なるエネルギーに満ちた観光地

ハワイの州都ホノルルがあり、大勢の観光客が滞在するオアフ島は、ダイヤモンドヘッドなどの名所がある島です。ハワイを訪れたことがない人でもたいてい知っている観光地として注目されるワイキキは、実は聖なるエネルギーに満ちた場所です。

ワイキキ・ビーチには交番があり、その横には、魔法の石と呼ばれる４つの石があります。これは16世紀にタヒチから来た魔術師たちが、自分たちの霊力をこの石に残していったといわれています。

また、ワイキキ西側の海には、ヒーリングスポット「カヴェヘヴェヘ」があります。

このエリアの海底から沸きでる淡水が病気や怪我を取り除いてくれると信じられていました。そのため、昔の人々はこの海で治療のための儀式を行ったとされています。

オアフ島の北東部にあるクアロア地区は、観光客に人気のクアロア牧場があることでも知られていますが、実はとても神聖なエリアです。かつては多くのヘイアウ（神殿）があり、アリイ（王族）たちが暮らした土地でもありました。今でも、クアロアには、いたずら好きの小人メネフネが作ったとされるフィッシュポンド（養魚場）をはじめ、神話と関連のある場所が点在しています。

オアフ島にまつわるお話

クーカニロコ・バースストーン

アリイ専用の出産の地

オアフ島中央部のワヒアワ地区の真ん中に位置する「クーカニロコ」は、アリイ（王族）たちが出産を行った地といわれています。中央には、お産に使った石といわれる

「バースストーン」があります。バースストーンはアリイ専用の分娩用の場所とされ、産まれる子どもには神からマナが与えられると信じられていました。オアフ島中から集まった王たちや医師たちが座って見守る中、女王がこの地の岩に寄りかかり、特別なマナを持つ産婆に助けられて男の子を出産すると、将来の無事と成功が保証されたといわれています。クーカニロコには現在もハワイアンの参拝者が多く、常にレイなどの供物が捧げられています。

✣プウオマフカ・ヘイアウ

オアフ島最大のヘイアウは「逃亡の丘」

オアフ島で最大のヘイアウ(神殿)「プウオマフカ・ヘイアウ」は北部ワイメア湾を臨む丘の上にあります。プウオマフカは「逃亡者の丘」という意味で、小人のメネフネが夜に現れ、朝には完成させたといわれています。プウオマフカ・ヘイアウはルアキニ・ヘイアウ(生贄《いけにえ》を捧げたヘイアウのこと)で、戦いの神クーへの生贄が捧げられたという説も残っています。

✣カエナ岬とカウアイの岩
誤解によって投げつけられた岩

オアフ島最西端のカエナ岬にはこんな言い伝えが残されています。遠い昔、カウアイ島に素晴らしい力を持った、偉大な戦士ハウプがいました。ある夜、ハウプが何か騒がしい音を聞きつけ目を覚ますと、遠く海のほうから叫び声がしています。ハウプはオアフから兵士たちが攻め込んでくるのだと思い、海のほうに巨大な岩を投げつけました。

オアフの海岸にいたのは、カエナという名のオアフ島の酋長《しゅうちょう》と仲間たちでした。カエナたちの頭上には、勘違いをしたハウプの投げた岩が落ち、カエナたちは命を落としました。その場所は、カエナ岬と名付けられたといわれています。そして、ハウプが投げた岩はポハク オ カウアイ(カウアイの岩)とされ、今でもカエナ岬の沖のどこかにあるといわれています。

ハワイ島

✻別名　ビッグ・アイランド
✻色　赤
✻花　オヒア・レフア

ハワイアンスピリチュアルの大舞台

ハワイの島々の中で地質学的に一番新しく、一番大きなハワイ島は、ハワイ諸島を統一したカメハメハ大王が生まれた地であり、神話上では火山の女神ペレが安住の地として選んだといわれる地です。人口はハワイ州のなかではオアフ島に次ぎ、溶岩や原生林などの大自然が広がるたくましいエネルギーにあふれた島であることが特徴です。

ハワイ島の南に広がるハワイ火山国立公園（１９８７年に世界遺産登録）には、ペレが住むといわれるハレマウマウ火口があり、公園内の博物館にはペレの涙や髪の毛として展示されている溶岩の塊があります。ハワイの人々の間では今でも、ペレの溶

岩を持ち帰るとペレの怒りを買い、災いが身に降りかかると信じられています。

ハレマウマウ火口と並んで、有名なマウナ・ケア山はハワイ島の中央部にあり、ペレのライバルとして有名な雪の女神ポリアフが住んでいるとされています。その名は「白い山」という意味で、その頂に雪が積もることから名付けられました。世界の研究機関が天文台を設置していることでも知られるこの山は、標高４２０５ｍもあり、夕日の沈む雄大な景色や美しい星空を見るため、一年を通じて多くの観光客が訪れています。

ハワイ島にまつわるお話

✣ワイピオ渓谷

特別なマナで守られている「王家の谷」

ワイピオ渓谷はハワイ島北部に位置する渓谷で、アリイたちが住んでいた聖なる土地といわれています。アリイとは酋長や王族のこと。古代ハワイでは厳しい階級制度があり、アリイはもっとも高い階級でした。ワイピオ渓谷は「王家の谷」ともいわれ、この渓谷の洞窟にはアリイたちの遺骨が埋まっているという説もあります。ワイピオ渓谷にまつわる神話はたくさんあり、ハワイ諸島の中でもっとも聖なる地といっても過言ではありません。今でもワイピオ渓谷は、特別なマナによって守られていると信じられています。

✣プウホヌア・オ・ホナウナウ国立歴史公園

聖なるエネルギーの宿る、救済の地

プウホヌア・オ・ホナウナウ国立歴史公園は、ハワイ島の南西部の海岸に位置する国立歴史公園です。古代ハワイでは、厳しいカプ(タブー制度)があり、それを破った者はときに死刑などの罰が課せられたといわれています。ただ、カプを破った者たちも、この地まで逃げることができれば、祈祷を行うカフナ(専門家)によって許しの儀式を受けることができ、罪を取り消してもらえたそうです。この公園にはヘイアウ(神殿)や遺跡などが当時のように再現され、今でも聖なるエネルギーが漂っています。

✣ハワイ州第二の都市ヒロ
たくさんの伝説が残る場所

ハワイ島東海岸にあるヒロはハワイ州第二の都市。日系人が多く住み、昔ながらののんびりとした雰囲気を残す街です。ヒロの名はカメハメハ大王がつけたとされ、この街を舞台とする伝説が数多くあります。ヒロのダウンタウンにあるヒロ図書館の前には、カメハメハ大王が持ち上げたとされるナハ・ストーンがあります。この石は3・5トンもあるといわれ、古代ハワイでは持ち上げることができた者はハワイの王になるという言い伝えがあったそうです。この巨石を持ち上げることに挑んだカメハメハ大王は見事成功し、のちにハワイを統一しました。ワイルク川州立公園内にある虹が見えることで有名な滝レインボーフォールズ(ハワイ語ではワイアーヌエヌエ)は、月の女神ヒナが住んでいたことで知られています。ヒナがこの滝に住む大トカゲから攻撃を受け、ヒナの息子マウイがマウイ島からカヌーに乗って駆けつけ大トカゲを退治したという神話があります。また、神話では、マウイが途中まで釣り上げた島がヒロ湾に浮かぶココナッツ・アイランド(ハワイ語ではモクオラ島)だといわれています。

マウイ島

✲別名　ヴァレー・アイランド（渓谷の島）
✲色　ピンク
✲花　ロケラニ

神の名が島名の人気の島

ハワイ州の中で二番目の大きさを誇るマウイ島は、かつてハワイ王国の首都がありました。今でも、オアフ島に続いて観光客に人気のある島です。島の名は、ハワイのみならずポリネシア全体で知られる半神半人の英雄・マウイから取られ、今でもハワイの人々は古くから伝わる「マウイ・ノ・カ・オイ」（マウイは最高）というハワイ語でマウイ島を表現しています。

島の東部中央には、標高３０５５ｍを誇る休火山ハレアカラがあります。ハレアカラとは「太陽の家」という意味です。半神半人マウイが太陽を捕まえたという神話

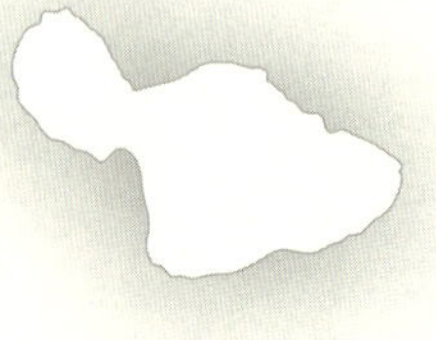

の舞台は、このハレアカラ山といわれています。また、ハレアカラ山にはヘイアウ（神殿）があり、古代より儀式が行われ、祈りを捧げる場所となっていました。火山の女神ペレが定住の地を求めて旅をした際、このハレアカラ山の火口にも立ち寄ったといわれています。今では、ハレアカラ山の頂上でご来光を拝む多くの観光客の姿が見られます。

また、もともとは二つの島だったものが、ハレアカラ山の噴火により流れた溶岩で繋がったのがマウイ島だといわれています。渓谷の島と呼ばれているのは、そのためです。

マウイ島にまつわるお話

✣イアオ・ニードル（イアオ渓谷）

古代より巡礼者が向かう自然の祭壇

マウイ島で多くの観光客が訪れる聖地の一つがイアオ渓谷です。イアオ渓谷は、マウイ島の西側に位置するイアオ渓谷州立公園内にあり、そこにはイアオ・ニードルという名の尖った岩がそびえ立っています。このイアオ・ニードルは自然の祭壇といわれ、古代より多くのハワイの人々が巡礼に訪れたそうです。ハワイの人々はこの聖地の中にある洞窟に、アリイ(王族)たちの遺骨を隠したといわれています。というのも、古代のハワイの人々は、骨にはマナが宿ると信じていたため、アリイの遺骨を誰にも悪用させない対策だったそうです。

✣ハナ地区
マウイの生まれ故郷

マウイ島で伝説の場所として有名なのはマウイ島の東にあるハナ地区です。島名でもある半神半人のマウイは、ハナ地区のカウイキという丘に住んでいたといわれています。このカウイキは、マウイの酋長カヘキリとハワイ島の酋長カラニオプウが戦った古戦場として有名です。また、カウイキにある洞窟は、カメハメハ大王がもっとも寵愛した妻カアフマヌ女王が生まれた場所としても知られています。

✣カウイキの丘と優しい雨

丘と雨に変えられた恋人たちの伝説

ハナ地区に住んでいた半神半人のマウイは、そこに降る細かい霧のような雨がお気に入りでした。娘が生まれたとき、「ハナの透き通った霧のような雨」という意味のノエノエ ウア ケア オ ハナ（以下ノエノエ）と名付けました。

ノエノエはある日、メネフネに育てられたカウイキという青年と海岸で出会いました。ノエノエとカウイキはお互い一目で恋に落ちましたが、カウイキはいずれ海に帰らなければなりません。

カウイキと一緒になりたいと願うノエノエは、父であるマウイに哀願します。マウイは悩んだ末、カウイキをハナ湾が見渡せる丘に変え、娘をその名の通り、ハナの地に降り注ぐ霧のような雨に変えました。ハナに降り注ぐその雨は、今でも多くの人に美しい風景とともに愛されています。

カウアイ島

✻別名　ガーデン・アイランド（庭園の島）
✻色　紫
✻花　モキハナ

雄大な自然が残る癒しの地

カウアイ島は年間を通じて降雨量が非常に多く、島の中心にあるワイアレアレ山とその周辺は全米でもっとも降雨量の多い場所です。そのためカウアイ島は深い緑が保たれ、水と森林が作りだす美しい風景はハワイの他の島々の中でも群を抜いています。

カウアイ島は、メネフネの伝説との結びつきが強い島でもあります。メネフネとは、カウアイ島に住んでいたといわれる小人の一族のことです。カウアイ島には、メネフネたちが作ったとされるヘイアウ（神殿）、水路などの石造物がいくつも残っています。カウアイ島東南部ナヴィリヴィリ地区にはメネフネが作ったとされるメネフネ・

フィッシュポンド（養魚場）があります。

カウアイ島の名所として有名なのは、カウアイ島の東側、ワイルア川沿いにある、シダの洞窟です。ここは昔ハワイの王族たちが結婚式や特別な儀式に使っていた神聖な場所で、今でも多くの観光客が船に乗って訪れます。

そのほかカウアイ島はフラダンサーたちにとって神聖なフラの女神ラカを祀ったカウル・オ・ラカ・ヘイアウもあり、雄大な自然と静かなる癒しのエネルギーにあふれた島です。

カウアイ島にまつわるお話

✣コア・マノ

岩にされたサメのお話

マカニカウという風の精霊が、旅の途中、カウアイ島ハーエナ地区でサメに追われているカヌーを発見しました。マカニカウはカヌーへ飛んでいくと、怯えている人々に自分がサメと遊ぶから安心するように言いました。そして海へと飛び込むと、サメがマカニカウを襲い始めたので、マカニカウはそのサメを大きな岩に変えてしまいました。これが今でもハーエナ地区に残る岩コア・マノ(サメの勇士)だそうです。

✣ワイカナロア洞窟

ペレが住んだといわれる洞窟

ハーエナ州立公園の近くにはいたずら好きの小人メネフネが作ったとされるマニニ・ホロ洞窟や、火山の神ペレとペレの恋人ロヒアウが住んだといわれているワイカナロア洞窟があります。ワイカナロア洞窟は中に水が浸入していることから、ウェット・ケーブともいわれ、ペレがカヒキからハワイへと渡ってきたときに、定住の地として穴を掘ったものの失敗して水が出たともいわれています。実際には、約4000年前に波の浸食によりできたものだという説が有力です。

✣ホロホロクー・ヘイアウ
カウアイ島最古のヘイアウ

カウアイ島東部に流れるワイルア川の周辺は、ハワイへ渡ってきたポリネシア人たちが最初に住んだ場所として知られ、多くの伝説や遺跡が残っています。中でも、下流沿いに位置するホロホロクー・ヘイアウはカウアイ島最古のヘイアウ（神殿）です。かつては、わらぶき屋根の神殿に偶像を祀り、生贄が捧げられ儀式が行われていました。

このヘイアウの隣のエリアには、ポーハク・ホオハーナウと呼ばれるバースストーンがあります。この石の上で産まれた子どもは強力なマナを得ることができ、王になると信じられていました。また、子どものへその緒は、ポーハク・ピコという石の割れ目に隠されました。隠されているへその緒がネズミに食べられてしまえば、その子どもは将来盗人になり、ネズミに食べられることがなければ、王になれると考えられていたそうです。

そのほかの島々

ラナイ島

✻ 別名　パイナップル・アイランド
✻ 色　オレンジ
✻ 花　カウナオア

モロカイ島

✻ 別名　フレンドリー・アイランド
✻ 色　緑
✻ 花　ククイ

カホオラヴェ島

✻ 別名　フォアビドゥン・アイランド（禁じられた島）

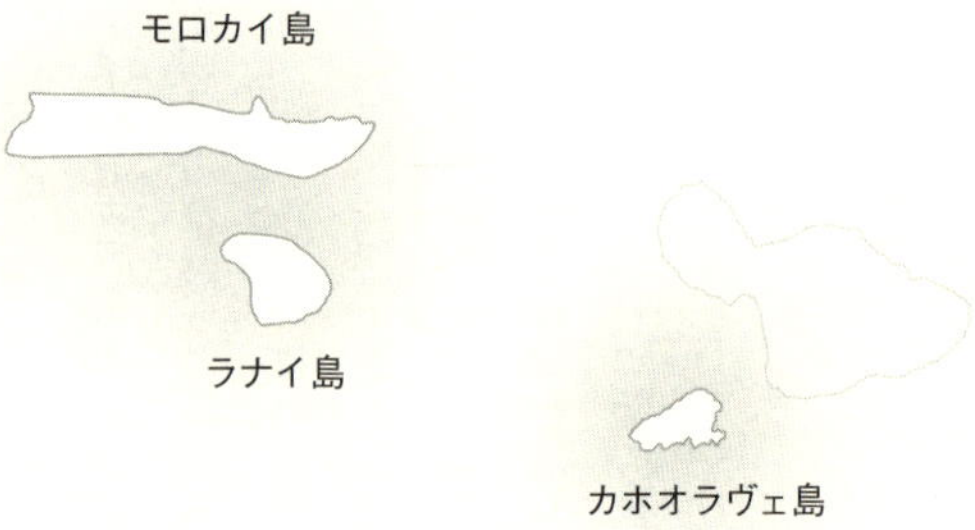

✻色　灰色
✻花　ヒナヒナ

ニイハウ島

✻別名　ミステリー・アイランド
✻色　白
✻花　ププシェル

自然と伝統を残す美しい島々

ハワイというと、オアフ島やハワイ島などの島が話題になりますが、ハワイは主に８つの島で成り立っています。

無人のカホオラヴェ島を除くラナイ、モロカイ、ニイハウ島は小さく人口もあまり多くはありませんが、ハワイの自然と伝統を残す美しい島々です。

ラナイ島は今でも手つかずの自然が広がる島です。１９９０年代にパイナップル畑が閉鎖されてからは、リゾート地としても知られるようになりましたが、島の神秘的な風景は今でも残っています。島の北西部へと向かうポリアフロードの途中に広がる場所「神々の庭園」は、赤土の大地の上に、大小さまざまな岩が転がり、幻想的な光景が見られます。

同じく大自然を残すのがモロカイ島です。この島にはフラ発祥の地カアナの丘があり、毎年5月にはフラ生誕を祝う「カ・フラ・ピコ」という儀式が行われています。

カホオラヴェ島はとても神聖な島で、たくさんのヘイアウ（神殿）があり、航海者やフラを踊る者が修業のために訪れたといわれています。海の神カナロアと結びつけられ、カナロアのためのヘイアウも多くあったそうです。米国軍の基地として使用された歴史を経て、1994年にこの島は正式にハワイ州へ返還されましたが、今でも一般人は立ち入ることができない無人の島です。

ニイハウ島は、多くのネイティブ・ハワイアンたちが昔ながらの生活を営んでいる島です。富豪のロビンソン一家が所有する島で、基本的に観光客は入れず、住人とその家族、関係者しか行き来できないため、現在も多くの謎に包まれています。

ラナイ島にまつわるお話

✣スイートハート・ロック

悲恋が伝える恋人の岩

ラナイ島のある男がプウペヘという名の娘を妻にしました。彼はとても嫉妬深く、妻を他の男たちに取られないように、海の近くの洞窟に妻を隠していました。しかしある日男が外出している間に嵐がきて、プウペヘは波に襲われ死んでしまいました。嘆き悲しむ男は岩の上に妻を葬ると、この岩から海へ飛び降りて命を断ったそうです。プウペヘ・ビーチで見られるこの岩は今でも「スイートハート・ロック」と呼ばれています。

モロカイ島にまつわるお話

✣イリイリオーパエ・ヘイアウ

人間の生贄が捧げられたヘイアウ

モロカイ島東南に位置するイリイリオーパエ・ヘイアウは、戦いの神クーと農業の神ロノを祀っているヘイアウ（神殿）です。人間の生贄が捧げられた強力なヘイアウで、ハワイの島々からカフナ（専門家）たちが勉強のために訪れる学校でもありました。伝説では、カマロという名の酋長がカフナに要求され、9人の息子たちをこのヘイアウの生贄として失いました。復讐を考えたカマロがアウマクア（先祖神）のサメに祈ると、鉄砲水が起こり、カフナたちは海に流されてしまったそうです。

column

ハワイの伝統的な癒し ロミロミ

ロミとは、揉む、押す、という意味の言葉です。ロミロミは今ではリラクゼーションとしてハワイだけでなく日本でも人気ですが、本来は、古代よりハワイの人々が医療として活用していた施術方法です。

古代のハワイでは、カフナと呼ばれる専門家がいて、ロミロミをはじめとした癒しの技術に長けていました。古代のハワイではロミロミは、特別なマナを持つカフナだけが行う行為で、心や魂にまで働きかけるものでした。人々は病気や怪我をしたときにはカフナによるロミロミやハーブの処方を受けることでその症状が治癒したといわれています。

ロミロミは、体が病んだときはもちろん、心の平穏を取り戻したいときにも不可欠でした。心に怒りや悲しみを持っていると病気になると考えられていたため、これらの感情を解き放つためにロミロミを受けることがありました。

そうしたカフナの知識はたいてい、家系ごとに継承されていきました。カフナの家系では、家族の中で誰がその知識を継承するかが決められ、選ばれた者は一生をかけて勉強したといいます。それほど奥深い施術方法だったそうです。今でもハワイには伝統的なロミロミを施すセラピストがいます。施術の際、彼らは天からのエネルギーを自分が媒体と

なって患者に流し、患者の治癒力を高めるそうです。施術の前後にはハワイ語で神への愛と感謝の祈りを捧げます。

現在、サロンなどで行われているオイルを使用したロミロミは、古代からのロミロミを現代風にアレンジしたものが主流となっています。ただ、本来のロミロミは単にリラクゼーションのためのものではなく、古代ハワイより伝わる癒しの技術なのだということをぜひ覚えていてください。

知っておきたいマナがあふれる言葉
スピリチュアル用語編

本書で取り扱った用語やハワイのスピリチュアルを知る際に役に立つキーワードをご紹介します。ぜひ参考にしてください。

アクア	akua	神、女神
アウアナ	auana	モダンスタイルのフラ。ギターやウクレレと一緒に踊られることが多い
アウマクア	ʻaumakua	先祖神、守護神
アリイ	aliʻi	酋長《しゅうちょう》、首長階級、王族
イケパーパールア	ʻike pāpālua	霊的な意識。古代ハワイ文化における非常にまれな才能
オハナ	ohana	家族。古代ハワイで最も重要とされていた社会的つながり
オーレロ	ōlelo	言葉、言語、発声
オラ	ola	生命、健康
カーウラ	kāula	預言者、未来の出来事について話す人
カヒキ	kahiki	ハワイアンの故郷とされる場所。ここからカヌーで開拓の旅に出かけたとされる。神話の国を指す場合とタヒチと

		周辺の島々を指す場合がある
カヒコ	kahiko	古典フラ。神に捧げる踊り
カフ	kahu	神、女神、精霊の伝承者、神と交信できる人
カフナ	kahuna	特定の職業の専門家。すべての職業は神が導いたものとされ、一般的に、カフナというと魔術を使う聖職者がよく知られている
カプ	kapu	古代のハワイアンの掟。カプを破ると死刑とされた
カプカイ	kapu kai	海に入って行われる清めの儀式
キノラウ	kino lau	神の化身(植物や動物、人間、石や魚、鳥、風、雲などがある)
クアフ	kuahu	祭壇
クプア	kupua	自然の霊、半神。神以下、人間以上の存在
タパ	tapa	本来はハワイ語ではカパ(kapa)というが、口語ではタパと呼ばれるのが一般的。ワウケという木、または他の木の樹皮で作られた布
チャント	chant	詠唱。カヒコ(古典フラ)を踊るときに用いられる。詩に抑揚をつけて詠唱する
プア	pua	花

フナ	huna	小さなもの、秘密、隠されたこと。ハワイの月暦の11夜。ハワイ文化の研究家であるマックス・フリーダム・ロング氏は、カフナの教えを研究し、フナと名付けて広めた
ヘイアウ	heiau	神殿、寺院。神に捧げられた場所。地域の人たちの祭事の中心地
ホヌア	honua	土地、大地、地球
マイレ	maile	レイに使われる神聖な植物。香りが良く、結婚式の新郎のレイなどにも使われる
マナ	mana	超自然的な力
マーペレ	māpele	平和で穏やかな神殿。生贄《いけにえ》が捧げられない神殿。農業の神や雨乞いなどのために捧げられた。農耕の神ロノに捧げられたものであることが多い
メレ	mele	歌、詩
モエ ウハネ	moe ʻuhane	夢、夢を見ること
ラプ	lapu	幽霊
ルアキニ	luakini	人間の生贄《いけにえ》が捧げられたヘイアウ
レイ	lei	首、手首、足首や頭の上に装う花飾り。レイは神様へ捧げるものにも使われた。レイに使われるものは花の他、種、果実、葉、シダ、海藻、貝、羽、人間の髪の毛など

知ってておきたいマナがあふれる言葉
ハワイ語編

ハワイの日常で使われている言葉や
よく使われる挨拶、単語などを紹介します。
マナのあふれる言葉を知って、
ハワイを身近に感じましょう。

よく使われるハワイ語

ハワイ語の挨拶

アロハ	aloha	こんにちは、愛、友情
マハロ	mahalo	ありがとう
ペヘアオエ	pehea oe	元気ですか?
エコモマイ	e komo mai	ようこそ
アエ	ʻae	はい
アオレ	ʻaʻole	いいえ
エカラマイ	e kala maʻi	ごめんなさい
アフイホウ	a hui hou	さようなら
アロハ カカヒアカ	aloha kakahiaka	おはようございます
アロハ アヒアヒ	aloha ahiahi	こんばんは
ハウオリ ラー ハーナウ	hauʻoli lā hānau	お誕生日おめでとうございます

オノ	ʻono	とてもおいしい
ハウオリ マカヒキ ホウ	hauʻoli makahiki hou 新年おめでとうございます	
オワイ コウ イノア?	ʻo wai kou inoa? あなたの名前は何ですか?	
オ○○コウ イノア	ʻo○○ ko ʻu inoa 私の名前は○○です	

人に関わる言葉

カーネ	kāne	男性
ワヒネ	wahine	女性、妻
ケイキ	keiki	子ども
クプナ	kupuna	老人、長老
ハレ	hale	家
オハナ	ʻohana	家族、仲間
ハーナウ	hānau	出産
カマアーイナ	kamaʻāina	地元の人、その土地の人
マクア	makua	両親

自然・天体

ホークー	hōkū	星
アーヌエヌエ	ānuenue	虹

ウア	ua	雨
マウナ	mauna	山
ナル	nalu	波
カイ	kai	海
カハカイ	kaha kai	海、海岸
ワイ	wai	水
ワイレレ	wai lele	滝
プウ	pu'u	丘

植物・動物

ポイ	poi	タロイモ
イプ	ipu	ひょうたん
ニウ	niu	ココナッツ
マイア	mai'a	バナナ
アロアロ	aloalo	ハイビスカス
ウル	'ulu	パンノキ
プアア	pua'a	豚
ホヌ	honu	ウミガメ
ナイア	nai'a	イルカ
モオ	mo'o	トカゲ
ヘエ	he'e	タコ、イカ

感情を表わす言葉

アカ	ʻaka	笑う
ハウオリ	hauʻoli	幸せ
フフー	huhū	怒る、怒っている
ホイホイ	hoi hoi	楽しい、面白い
ナニ	nani	美しい

色

メレメレ	melemele	黄色
ケア	kea	白色
ウラ	ʻula	赤色
ウリ	uli	青色
オーマオ	ʻōmao	緑色
エレエレ	ʻeleʻele	黒色
ポニ	poni	紫色
アラニ	ʻalani	オレンジ色

行事や祭典で使われる言葉

マカヒキ	makahiki	古代ハワイの神事、収穫祭
ルーアウ	lūʻau	祝宴、祝宴の料理
ロミロミ	lomi lomi	揉む、マッサージ
ワア	waʻa	カヌー

ポー	pō	夜、暗闇、暗黒
ラニ	lani	天国
ポーハク	pōhaku	石
クアフ	kuahu	祭壇
フル	hulu	羽根

参考文献

HAWAIIAN LEGENDS OF THE GUARDIAN SPIRITS
by CAREN LOEBEL-FRIED / University of Hawai'i Press

Hawaiian Myths Of EARTH, SEA and SKY
by Vivian L. Thompson / University of Hawai'i Press

Pele, Goddess of Hawai'i's Volcamoes
by Herb kawainui Kane / The kawainui Press

A LITTLE BOOK of ALOHA
by Renata Provenzano / Mutual Publishing

POHAKU, Hawaiian Stones
by June Gutmanis / Brigham Young University-Hawaii

PELE : The Fire Goddess
by Dietrich Varez, Pua Kanaka'Ole Kanahele / Bishop Museum Press

Hawaiian goddesses
by Linda Ching / Hawaiian Goddesses Publishing Company

Naupaka
by Nona Beamer / Bishop Museum Press

ANCIENT HAWAI'I
by Herb kawainui Kane / The Kawainui Press

MYTHS AND LEDENDS OF HAWAII'I
byW.D. Westervelt / Mutual Publishing

HAWAIAN MAGIC AND SPIRITUALITY
by Scott Cunningham / Llewellyn Publications

A POCKET GUIDE TO THE ISLANDS---HULA AND CHANTS
by Kekoa Catherine Enomoto / ISLAND HERITAGE PUBLISHING

EXPLORING LOST HAWAI'I
by Ellie And William Crowe / ISLAND HERITAGE PUBLISHING

EXPLORATIONS! Ho'omaka'ika i
by Kamehameha Schools / Kamehameha Schools Press

HAWAIIAN LEGENDS OF DERAMES
by CAREN LOEBEL-FRIED /University of Hawai'i Press

Na Mele o Hawai'I Nei : 101 HAWAIIAN SONGS
collected by SAMUEL H. ELBERT and NOELANI MAHOE /
University of Hawai'i Press

HA BREATHE !
by ELITHE MANUHA'AIPO KAHN, PH.D / Zen Care

The Kurnulipo : A Hawaii CreationChant
by Martha Beckwith / University of Hawai'i Press

『マナ・カード〜ハワイの英知の力』
キャサリン・ベッカー著、ドヤ・ナーディン絵、新井朋子訳
ホクラニ・インターナショナル

『マナ・カードによる占いポーマイカイ——
ハワイからのメッセージでポジティブな自分つくり』
新井朋子、アロヒナニ著　ネコ・パブリッシング

『ハワイの神話、モオレロ・カヒコ』
新井朋子著　文踊社

『南島の神話』
後藤明著　中央公論社

『アーバン・シャーマン』
サージ・カヒリ・キング著、小林加奈子訳　ヴォイス

『フナ古代ハワイの神秘の教え』
シャーロット・バーニー著、丸子あゆみ訳　ダイヤモンド社

『ロミロミ〜ハワイのスピリチュアルマッサージ』
ナンシー・S・カハレワイ著、並木ユリ子訳　ナチュラルスピリット

参考CD

John Ka'imikaua CD「From Deep Within...」

参考サイト

HANA MAUI.COM
http://www.hanamaui.com/

ハワイ・オアフ観光局オフィサルサイト
http://www.visit-oahu.jp/

おわりに

ハワイとの深い縁を父から授けられたことは、私にとって今生で一番の幸運だったかもしれません。それが特別なことだとは思わずに過ごしていたハワイでの日々、今はなんと貴重なことだったかと感謝せずにはいられません。

ハワイの英知は私の人生を豊かに、そして有意義なものにしてくれました。真実の愛を表す言葉〝アロハ〟には「愛は分かち合うものである」という意味が含まれています。私は自分の人生に幸せを運んでくれるハワイの素晴らしい文化を一人でも多くの方々と分かち合いたいと思っています。

そんな私の夢の実現に、この本の出版は大きな役割を担ってくれています。

私の書籍に新たな息吹を与えてくださり、文庫本という作品に生まれ変わらせてくださったマイナビ出版の成田晴香さん、脇洋子さん、制作に関わってくださったすべての方々に感謝申し上げます。また、この本を読んでくださったすべての方々の人生がマナとアロハに満ちあふれますように。

E malama pono!(お元気で！)

２０１６年6月
アロヒナニ

本書は、『マナとアロハがよくわかる ハワイアン・スピリチュアル入門』
（2011年3月／弊社刊）を改題・再編集し、文庫化したものです。

アロヒナニ

ハワイの文化ナビゲーター、フリーライター、セラピスト
アロヒナニのオリジナルカード『ハワイアンカード』を学ぶ“ハワイアンカード・スクール”代表。

ハワイのセラピーカード『マナ・カード』の出版・販売および講座を手がける“マナ・カード アカデミー”代表。

『ハワイアン・レインフォレスト・ナチュラルズ』のフラワーエッセンスを学ぶ日本唯一の公認スクール“HRNフラワーエッセンス・スクール”にて講座の企画・運営・講師を担当。

フラ歴は約22年で、ホテルやデパート、コンサート、イベントなどのポリネシアンショーに出演経験多数。

ハワイ文化やハワイのセラピーを広めながら、セラピストとしての経験を生かした「ハワイの英知を取り入れ幸せに生きる方法」や「マナを増やして願望実現する方法」を全国での講演やセミナー、雑誌、web媒体、情報誌などの連載を通して伝えている。また、カードセラピーを多くの方々に広めることをライフワークとし、企業でのメンタルヘルスにカードセラピーを提案し活動している。

著書に『ハワイアンカード～マナとアロハをあなたに』(JMA・アソシエイツ刊)、『マナとアロハがよくわかる ハワイアン・スピリチュアル入門』(マイナビ出版刊)、共著に『マナ・カードによる占い ポーマイカイ』(ネコ・パブリッシング刊) がある。

公式サイト http://alohinani.com/
公式ブログ http://ameblo.jp/alohinani/
Facebook https://facebook.com/alohi.nani

マイナビ文庫

マナとアロハのメッセージ
幸せになるハワイの言葉

2016年6月30日　初版第1刷発行

著　者　アロヒナニ
発行者　滝口直樹
発行所　株式会社マイナビ出版
〒101-0003 東京都千代田区一ツ橋2-6-3 一ツ橋ビル2F
TEL 0480-38-6872（注文専用ダイヤル）
TEL 03-3556-2731（販売）／TEL 03-3556-2736（編集）
E-mail pc-books@mynavi.jp
URL http://book.mynavi.jp

カバーデザイン　米谷テツヤ（PASS）

底本装丁　平塚兼右（PiDEZA Inc.）
底本本文割付　松田祐一
装画　清水宣子
挿絵　清水宣子
小沼郁代、平塚恵美（PiDEZA Inc.）
文庫版編集　成田晴香、脇洋子（マイナビ出版）
印刷・製本　図書印刷株式会社

ISBN978-4-8399-6011-7
Printed in Japan

MYNAVI BUNKO

穏やかに生きるヒント

植西 聰 著

心が穏やかになっていくと、「生きることはまんざら、悪いことではない」「何はともあれ、生きることはすばらしい」「未来は明るい希望に満ちている」ということを実感できるようになります。(本書まえがきより)
大ヒット著述家、植西聰さんが贈る、普通の幸せをつかむ90の秘訣です。この本を読み終えて実践したら、ぎすぎすした生活や職場もきっと、すてきな「場」にかわることでしょう。

定価　本体590円+税

M Y N A V I **B U N K O**

パリで一番予約の取れない セラピストが教える SHIGETA美容バイブル

チコ シゲタ 著

単行本で人気のあった『パリで一番予約がとれないセラピストが教える　SHIGETA美容バイブル』が文庫化されました。
フランス・パリの自社工場でプロダクトを企画・製造し、発信をしているコスメブランド「SHIGETA」。パリジェンヌだけでなく、世界中の女性に人気の理由は、その理念とセルフケアの方法にあります。美容哲学からセルフマッサージの方法、ローフードやアロマテラピーの取り込み方といったオリジナルメソッドを一挙に紹介しています。

定価　本体680円+税